U0941241

ZHONGGUO YANCAO CHANYE GUANZHI
JINGJIXUE FENXI

中国烟草产业管制经济学分析

喻保华 景延秋◎著

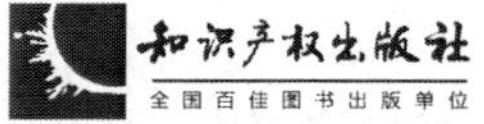

图书在版编目（CIP）数据

中国烟草产业管制经济学分析/喻保华，景延秋著. —北京：知识产权出版社，2015.5
ISBN 978-7-5130-2836-3

Ⅰ.①中…　Ⅱ.①喻…　②景…　Ⅲ.①烟草工业—安全—研究报告—中国
Ⅳ.①F426.89

中国版本图书馆CIP数据核字（2014）第152745号

内容提要

本书运用管制经济学等理论，提出中国烟草产业制度变革的政策建议：成本-收益问题是烟草专卖制度变迁的动源，但烟草各博弈主体之间对利益讨价还价的争夺，无可避免提高交易成本，进一步阻碍了现行烟草专卖体制的运行效率，加大了现行整个烟草产业链的运行成本；要从财政体制的角度，减少来自地方政府的阻力，保证中国烟草制度的顺利变迁。改革路径是：在保证烟草专卖的前提下，逐渐实施政企分开，变行政垄断为经济垄断，逐渐创造条件取消烟草专卖制度。

本书可供相关的专业研究者、企业管理者与政府决策者参考。

责任编辑：安耀东

中国烟草产业管制经济学分析

喻保华　景延秋　著

出版发行：	知识产权出版社有限责任公司	**网　　址**：	http://www.ipph.cn
电　　话：	010-82004826		http://www.laichushu.com
社　　址：	北京市海淀区马甸南村1号	**邮　　编**：	100088
责编电话：	010-82000860转8355	**责编邮箱**：	an569@qq.com
发行电话：	010-82000860转8101/8029	**发行传真**：	010-82000893/82003279
印　　刷：	北京中献拓方科技发展有限公司	**经　　销**：	各大网上书店、新华书店及相关专业书店
开　　本：	720mm×1000mm　1/16	**印　　张**：	10.25
版　　次：	2015年5月第1版	**印　　次**：	2015年5月第1次印刷
字　　数：	174千字	**定　　价**：	45.00元

ISBN 978-7-5130-2836-3

前　言

本书运用管制经济学等传统西方经典经济理论，经对国内文献检索和考察，收集整理了较为完整的大量数据,以政府管制制度变迁和重构为基本视角来分析中国烟草产业管制的现状和问题，尝试从行业自身和外部环境层面提出管制制度变革的政策建议。本书的主要内容与创新体现在以下三个方面。

其一，当前中国烟草行业已进入改革与发展的关键时期，现阶段烟草行业变革是在不根本改变政治体制和烟草专卖制度的前提下，对烟草的生产、营销进行局部的、符合市场经济的调整和改革。根据各国烟草管制制度变迁的历史经验，应在原有烟草专卖的前提下，逐渐实施政企分开，从根本上变行政垄断为烟草产业经济垄断。在烟草经济垄断正常运转并取得良好绩效后，逐渐创造条件取消烟草专卖制度。在中国烟草管制制度变迁的过程中，应吸取有益的国内外控烟政策，最大限度地减少烟草危害，减少制度变革的阻力，保证变革成本最低。

其二，中国烟草产业在不同时期、不同产业链均存在着各利益主体之间的经济博弈关系，特别是各地方政府从本地财政税收收入最大化的角度，严重影响和制约中国整个烟草产业的市场效率和经营业绩。中国烟草产业自新中国成立以来各时期特别是建立专卖制度以来，由于博弈关系的复杂化，博弈主体双方或者多方之间对利益的争夺更加剧烈，无可避免地提高了交易成本，进一步阻碍了现行烟草专卖制度的运行效率，从而加大了现行整个烟草产业链的运行成本。

其三，成本–收益问题是烟草专卖制度变迁的动力源，也是中国烟草专卖制度变迁是否顺利成功的决定性因素。同时，现行的烟草税收财政体制不利于烟草产业的科学地可持续发展。在制度变迁的过程中，要从财政体制的角度，减少来自地方政府的阻力，为中国烟草制度变迁的顺利进行奠定坚实基础。

本书的内容与创新可以概括为，要以科学发展观的角度全面看待专卖管制制度下烟草产业的成本、收益问题，既要照顾当前，还要考虑未来，做好烟草产业管制制度的设计、完善工作。

目　录

1 绪 论

中国目前有烟民3.5亿人，被动吸烟危害的人数是5.4亿，其中青少年1.8亿。到2015年，中国将增加大约850万名烟民。卫生部（2008）调查结果显示，肺癌的死亡率近30年上升了465%。2005年吸烟导致的慢性病人数2063万人。如果不采取有效措施，2020年将有200万人死于与烟草相关的疾病，其中一半人将在35~64岁死亡；吸烟男性平均损失9年的寿命，吸烟女性平均损失7年的寿命。

中国是世界烟草种植、生产、销售、消费等第一大国。2003年中国签署《烟草控制框架公约》。其实，中国人禁烟、控烟活动已持续了三百余年。明代崇祯十二年（1639）、十六年（1643），曾两次下诏禁止种烟和吸烟。清太宗（1639）尚未入关时，就开始禁烟，处罚违禁事件60余起。三百年来，吸烟和反吸烟的对立和斗争从未间断，结果是禁者自禁，吸者自吸，烟草为越来越多的人所接受，成为一种社会性的嗜好品。

1.1 研究的目的、意义

本书以管制经济等西方经济学理论为重点，选取烟草税收、烟草博弈、烟草成本-收益等中国烟草产业管制制度变迁中的主要问题进行分析研究，具有十分重要的理论意义和现实意义。

1.1.1 中国烟草产业管制制度变迁

烟草专卖制度从产生、发展、完善至衰亡都与其所处的时代背景密切相关，说明这种制度不是计划经济的特有产物，也不专属于社会主义国家。国际上大多数国家对烟草产业采取的管制模式虽然不尽相同，但都进行严格的管制，诸如实行高税率政策、烟草专卖制度、特许经营以及行政许可等，烟草专卖制度只是各国政府对烟草产业实施管制手段中的一种。由于国际贸易自由化和世界经济一体化，许多国家都放弃了原有的烟草专卖制度，并对其进行市场化改革。尽管有关国家取消了烟草专卖制度，但是政府对烟草产业的监管始终存在，如行政许可、特许经营、国家控股、价格管制、进货指定，其目的仍是维护国家税源，以及保护本国烟草产业，或者保护相关利益群体，如美国对烟农的买断政策。中国烟草专卖制度已表现出与时代发展环境的不符，导致其制度成本超过制度收益，表现为制度的低绩效，必须从管制理论上不断研究，寻找一条符合中国烟草产业管制的新路，对现有的产业制度进行改革，以顺应国内外经济发展的潮流，使其焕发活力。

1.1.2　中国烟草产业管制变迁中的税收政策

多年来，中国国有烟草企业为国家积累了坚固的财政基础，为国家的经济建设做出了巨大贡献，同时，专卖制度下大幅增长的卷烟产销量给广大烟民带来了大量的致病医疗支出，从而使得整个烟草产业的社会经济效益近年来持续负增长，至于给这些卷烟致病者带来的生命健康质量的损失、给这些致病者家庭的幸福和谐造成的损失、给国家带来的劳动力的损失、社会资源无效配置的损失等都无法或很难用可计价的经济损失来计算。况且，烟草产业税收的比例越来越小，而利润的占比越来越高。垄断为烟草产业带来的收益更多地留在了烟草企业。烟草专卖制度以国家创造税利为依托，谋取的是行业利益。而目前中国财政体制对控烟起着反方向作用。烟草业的各种税收成为地方财政的主要来源，使地方政府有强烈的激励机制大力扶持烟草业的发展。在这种情况下，烟草业也就在地方政府的大力扶持下得以蓬勃发展，形成一个“互利”“双赢”的格局。

因此，我们要探讨如何利用税收杠杆控制烟草制品价格以减少消费，研究如何改正和完善这种烟草征收体制，使征税收入更多用来纠正吸烟者的效用和成本评价，弥补因吸烟行为造成的社会经济损失，可以考虑把烟草征税收入用于医疗卫生、反烟宣传、戒烟补贴等方面的开支，进一步服务控烟目标。

1.1.3　管制制度下中国烟草产业各利益主体的博弈

新中国成立以来的不同时期，中国烟草产业在其种植、生产、加工和销售等诸多环节一直存在着很多被关注的焦点利益，围绕着这些利益，又有许多利益关系者的博弈，这就有了烟草产业不同时期诸多环节存在的各种博弈关系。博弈过程是各方若干次对利益讨价还价的争夺行为，博弈主体各方的目的就是追求自身经济利益最大化。比如，当前中国对各级烟草专卖局实行逐级计划专控。但是，各级地方政府为了取得最大化的烟叶税等税收，必然向各级烟草专卖局争取尽可能多的烟叶种植计划指标。下年烟叶收购计划指标征求意见文件下发到各级地方政府部门后，各级地方政府必然投入大量资源和动用多种社会关系游说、影响各级烟草计划主管部门，以期达到争取该地区尽可能多的烟叶收购计划指标。这种各级地方政府向上级烟草专卖局的公关游说活动就是当前烟草专卖制度下形成的寻租成本，类似的还有卷烟制品调拨计划指标、卷烟生产计划指标、省外烟与省内烟的比例计划指标等都是各级各地政府与相应的各级各地烟草专卖局之间多重复杂博弈协调的产物，这些博弈一定会导致大量的无谓的寻租成本。而这些寻租成本的高低实际就是制度成本的高低，同时也决定了制度效率的高低。所以，这些复杂多重的博弈利益关系进一步阻碍了现行烟草专卖体制的运行效率，从而加大了现行整个烟草产业链的运行成本。运用经济学博弈原理分析中国烟草管制制度的效率或成本是不断改革或完善中国烟草专卖制度的基础和前提。

1.1.4 中国烟草产业管制下的成本收益

中国整个烟草产业专卖制度（杨兰品，2005）的正常运行，实质上是一定需要实施对该产业的全面垄断，这些垄断还一定要借助相应的官僚组织来实现，可是这些官僚组织越庞大，国家实施垄断的制度成本（杨骞，2010）就越高，国家实行烟草专卖制度产生的净收益会因这种成本的抵消而减少。中国烟草专卖制度在不同的历史时期由于时代和环境的变化不断变迁，其成本和收益的关系也在不同的历史时期相应表现出不同的制度特征。

数据显示，1998 年后中国烟草专卖制度的社会总成本已持续远超过了社会总收益，因此，中国烟草产业专卖制度必须进行进一步变迁改革。但在该制度的设计完善过程中，重新考察当前烟草专卖制度的有关理论依据，为将来确立更好的制度设计改革路径提供理论支撑。总之，改革有助于中国烟草管制者制定有效政策，进一步全面提高和改善烟草专卖制度的运行效率，亦即大幅降低烟草专卖的制度成本（包括官僚组织成本和官僚代理成本），从根本上保证最大限度地获得整个国家范围内的烟草垄断经济利润。

1.2 国内外研究现状

1.2.1 中国烟草产业管制制度变迁的文献综述

美国经济学家斯蒂格勒（G.J.Stigler，1971）开创了管制经济学。他认为，在整个经济中，某些集团要求并得到了政府的保护，但另一些集团则不要求或未能得到政府的保护，一些集团得到的保护多一些，另一些集团则少一些。由于管制不能免费获得，所以没有一个集团会得到完全的保护。他进一步分析了在哪些产业或职业集团中最容易发生政府管制。圣·佩尔兹曼（San Pelzman，1976）进一步完善了施蒂格勒的理论，对管制的发生及其性质作了如下推测：政府管制多半发生在该产业成本低或需求高涨的时期；政府管制在需求高涨时偏向保护消费者，在需求低落时则偏向保护生产者；政府管制是以社会公共利益为基础的，这就是所谓管制的公共利益论（Public Interest Theory），即管制的发生应该满足消费者和生产者对总剩余最大化的需求。

同样是在斯蒂格勒研究的基础上，以布坎南（1992）等为代表的公共选择学派（Public Choice）的理论认为：管制机构为私人利益抑制市场经营活动，而那些受益的私人则愿为管制机构的服务提供补偿。这样的政府（Laffont 和 Titole，1991）也就被称为被私人既得利益集团“俘获的政府”（Captured Government），这样的管制理论则称为管制的俘获论（Capture Theory of Regulation）。

现实中的行业管制结果究竟是接近于公共利益论假说，还是接近于俘获论假说，情形并不是显而易见的。但是，经济理论家在提供管制理由和管制方法时所依据的则主要是公共利益论，因此也引发了对管制与放松管制的争论。

围绕着行业管制的低效率问题，H. 德姆塞茨（1968）提出了一种可替代方式——特许制（Franchise）的投标竞争。这就是：可以由消费者直接授予某一企业生产和销售某种产品供应整个市场的特权，并通过投标竞争（而非管制）使承诺以最低价格出售产品的企业取得这一特权。第二种替代方案是福格桑（L.Vogelsang）和芬辛格（J.Finsnger，1979）提出：可以利用企业对自身利益的追求，设计某种程序，经过一个过程，最终达到社会福利最大化的目标。

管制实践中最突出的问题是管制的成本问题（图洛克，1992）。要有效地实施管制，就必须支付一笔相当可观的人力、物力，都是为了纠正市场失灵所造成的效率损失，使资源配置达到或接近效率状态，提高社会的福利。高额管制成本阻碍着政府管制的有效实施。从行业管制的实践历程来看，管制并未能收到预期的效果，无论是主张行业管制还是支持放松管制，在其背后都蕴含着经济理论的发展。

中国的市场经济正处在发展的初期，政府对市场的干预在理论上和实践上都还有待完善。因此，西方市场经济发达的国家在行业管制和反垄断法方面的理论和实践的进展，无疑对中国及其他发展中国家，将有很重大的参考价值。

Gruber（2002）较早分析了政府管制在烟草产业的情况。莱本斯坦（1966）建议通过政府管制，将烟草的消费量限定在一个符合效率的数量上，此时，减少的效率损失即是管制的收益。

烟草专卖制度的变迁方式可分为主动性变迁和被动性变迁（林毅夫,1994），其中多数国家为被动性变迁。国内关于烟草专卖制度改革的主张有三种：一是坚持烟草专卖制度，持这种观点的人大多为烟草产业从业人员；二是废除烟草专卖制度，以刘炼、杨翔（2002）为代表；三是坚持在烟草专卖制度下进行改革，以陶明（2005）、贺运生（2007）为代表。

在烟草产业制度渐进式变迁过程中，国内外对烟草消费管制措施进行了大量有益研究和实践。2005年12月1日，世界卫生组织在日内瓦宣布（中国疾病控制中心国家控烟办公室，2005），该组织自即日起拒绝雇用吸烟者。美国健康调查部（Warner，1986）证明电视推销的烟草广告显著地增加了青少年的吸烟行为。杨功焕（1999）研究认为，开始吸烟年龄越早，就越难戒掉，越容易成为重度吸烟者。（Jason等人，1996）发现，如果烟草零售商对最低购买年龄限制法律服从度上升了，就能减少吸烟在青少年中的流行度。欧盟规定，在香烟的包装上（武海燕，2005）必须包含下列警告：吸烟减少寿命；吸烟是肺癌的主要原因；吸烟导致心脏疾病；怀孕期间吸烟对婴儿有害。Tremblay V. J.（1995）1971年得到的结论是，禁止香烟广告能够降低香烟消费。Viscusi（1992）认为政府的反烟宣传能够帮助个人对接收到的健康信息做出理性的抉择，并且，吸烟者会高估吸烟引起肺癌而死的风险。瑞士（中国疾病控制中心国家控烟办公室，2008）诺华医药集团为吸烟职员提供2年的戒烟治疗费等。

1.2.2 中国烟草产业管制下税收的文献综述

亚当·斯密（2001）早在200多年前就以烟草税为例，首先说明烟草无论对富人还是对穷人来说，都不是必需品而具有奢侈品的性质。在H. 西奇威克（1887）和A.马歇尔（1890）对外部性问题进行研究的基础上，20世纪20年代英国庇古（A. C. Pigou）出版的《福利经济学》一书，补充了“内部不经济”和“外部不经济”这一对概念。庇古认为，当出现外部不经济时，依靠自己竞争是可能不起作用的，政府采取适当的政策（如征税和补贴）是必要的。庇古最早系统地分析外部成本和外部经济收益问题。他指出，如果存在外部经济的话，则完全竞争均衡将不是帕累托最优，此时，政府采取相应征税或补贴方式来解决。R.Coase（1960）在其著名论文《社会成本问题》中指出，只要“产权”（Property Right）是明晰的，私人之间交易活动不存在交易成本，则私人之间达成契约同样可以解决外部效益所引起的问题，实现资源的最优配置。但交易成本过大时（Colell，1995），通过市场也许无法有效地解决外部性问题。因而，在现实中，某种形式的政府调节不可缺少。在私人产权无法界定时，就必须借助建立和健全法律制度，或政府有效地强制实施某些规则，才能使公共资源得到最优利用。

卷烟及烟草制成品属于有市场缺陷的产品，此时，需要考虑税收的矫正性（Ramsey，1957）。

B.Baumol（1970）和D. Bradford指出，卷烟及烟草制成品属于边际消费倾向比较高，并且税后的消费量仍然比较大的消费品，尤其是对于高档烟草制成品，属于高收入阶层的奢侈品，也应该开征高税。

杨功焕等（2002）通过对数据的对比得出，较高的烟草税率伴随着较低的吸烟率。综合税率最高（79.5%）的英国，有着最低的吸烟率（25%），而中国的吸烟率居首，为35.8%。在所列国家中，中国的烟草综合税率接近最低，为54.5%。行伟波（2009）认为，应从全民健康的角度完善立法，真正确立中国烟草征税的目的是寓禁于征，而不着眼于财政收入。Wasserman（1991）等建议要通过烟草消费税的设置来消除由于负外部性和信息不完全所造成的效率损失。

1.2.3 中国烟草产业管制变迁中利益博弈的文献综述

关于经济学上的博弈理论，纳什（Nash，1950）、泽尔腾（Selten，1965）和海萨尼（Harsanyi，1968）三人开创了经济博弈论发展的一个崭新时代，因而共获1994年度的诺贝尔经济学奖。张维迎（1996）概括性地把博弈的一些研究综合起来，可以大致反映20世纪50年代以来博弈论的主要进展。

关于专卖制度下中国烟草产业各利益主体的博弈分析，王国成（1996）等结合中国烟草产业及其自身特点，借鉴国外经济博弈理论与方法，分析了中国烟草种植、生产、加工和销售等诸多环节存在的各种博弈关系。其中，周利勤等（2006）分析了烟草种植及烟叶收购环节的两对博弈：一对博弈为国家烟草专卖局与烟草种植区所属地方政府的博弈，其客体是烟叶收购计划指标；另一对博弈为烟草种植区烟农与该地所属烟草专卖局的博弈，博弈焦点在于农民是否愿意选择种植烟草以及选择种植多少面积烟草以及烟草专卖局（公司）在博弈中是否愿意对烟农进行补贴以及补贴多少（蒋云凤，2009）。

已收购烟叶调拨环节和卷烟制品调拨环节共同构成烟草工业企业和烟草商业企业之间的博弈（胡德伟，毛正中，2008），该博弈主体为烟草工业企业和烟草商业企业，博弈的客体是已收购烟叶和卷烟制品的数量和等级。

卷烟制品生产环节（曾薇，2006）的博弈主体是地方政府和国家烟草专卖局，焦点在于各类卷烟制品生产计划指标。

鉴于烟草的利润过高，牵扯的方方面面的利益多，中国各地方政府之间在此专卖管制（章鸿，2005）大背景下也就有了界限分明的博弈关系。当前中国烟草整个产业链中的诸多利益主体之间的博弈关系是复杂的。这些博弈关系的起因主要还是现行的烟草专卖体制。由于博弈是各方若干次对利益的争夺行为，博弈主体的双方或者多方之间无可避免地提高交易成本，而这些交易成本的高低实际就是制度成本的高低，同时也决定了制度效率的高低。所以，这些复杂多重的博弈利益关系进一步阻碍了现行烟草专卖体制的运行效率，从而加大了现行整个烟草产业链的运行成本。

1.2.4 专卖管制下的中国烟草产业成本–收益的文献综述

杜威（1975）研究福利经济学的成本–收益分析，原是政府计划部门或公用事业主管部门利用并根据“纯社会收入”，进行“项目评估”的一种方法。在这种分析方法中，全部收益和成本都以货币单位计算，于是得出，纯收益等于收益（即支付愿望，或愿意支付额）减去成本（即需要的补偿，或实际支付额）。这里支付愿望的总额则为价格与购买商品数量的乘积，消费者剩余总额则代表纯收益总额。当然，我们可以设想，如果在社会主义制度下（萨松，谢弗，1978），那么公用事业主管部门将会把垄断所得的消费者剩余，全部或大部分上缴给政府，再由政府以某种方式，重新分配给广大的消费者。就这个意义来说，这样的消费者剩余倒是真正的纯收入。

就中国整个烟草产业专卖制度（杨兰品，2005）的正常运行来说，实质上一定需要借助相应的政府组织来实现，可是这些政府组织越庞大，国家实施垄断的制度成本（杨骞，2010）就越高，国家实行烟草专卖制度产生的净经济收益会因这种成本的抵消而减少。由此，中国只有进一步全面提高和改善烟草专卖制度的运行效率，亦即大幅降低烟草专卖的制度成本（无谓损失、寻租成本、X低效率等），才能从根本上保证最大限度地获得整个国家范围内的烟草垄断经济利润。

布坎南（1989）指出，产业上的经济垄断一定有因此出现的垄断成本，资源配置效率会相应降低。如果垄断者通过减少垄断产量所减少的消费者剩余并没有转移到垄断者那里，谁也未得到，就是一种垄断条件下的净社会损失，这就是经济学上的无谓损失。

传统经济学寻租理论（克鲁格尔，1974）指出，市场中企业为了建立由政府授予的市场垄断地位，或让议会协助建立市场垄断地位，该企业必然要运用大量的人力、物力、财力，向各有关政府部门进行形式多样、内容不一的所谓公关行为或向议会的相关议员开展必要的院外活动。为此，该企业需要聘请具有社会影响力的律师或所谓的社会精英为自己获取市场垄断地位进行所谓的寻租活动，以期获取经济租金。但是，该企业为这种寻租活动花费的大量资源不会产生什么产量，实际是一种社会浪费行为。中国烟草专卖体制实施极为严格的集中计划管理体制（张德荣，2005），从国家、省、市、县各级烟草专卖局实行逐级计划专控。

美国行为经济学家莱宾斯坦（Leeibenstein，1966）指出，X低效率理论是指大多数厂商之所以不能使单位产出的成本最小化，这不仅是因为他们所需要的某些投入要素在市场上买不到，而且还因为生产函数（投入产出的技术关系）并非已知或不能得到完善的说明。通常，“X”效率或“配置低效率”（实质上是一种组织或动机低效率）的存在（弗朗茨，1993），是由于惰性（即“留有余地、伺机行动”的一种保守思想）和市场中信息不完善而造成的。X低效率理论实质上是一种组织或者动机的低效率理论。X是指产生非配置（低）效率的所有因素。整个烟草专卖制度下的各级烟草专卖局（公司）作为专控者，存在专控行为的X低效率；另一方面，整个烟草工业企业与烟草商业企业作为受专控者，一定也会客观产生受专控企业的X低效率，两方面肯定共同形成整个烟草产业的X低效率。

行伟波（2009）经过对中国烟草产业专卖制度下经济收益研究指出，1983年以来，中国烟草专卖制度实施近30年，其专控垄断状况只有不断增强却没有丝毫减弱的最大动机或背景就是中国整个烟草行业逐年持续的税利大幅递增，这其实也就是中国烟草专卖制度的实施带来的巨大经济收益。至今中国烟草业已为国家发展贡献了雄厚的建设资金，烟草及其各类制品已逐步蜕化成为一定的财政化商品，中国烟草产业也已无可避免地成为了国家积聚财政资金的主导型产业。

烟草产业超额垄断利润（Chaloupka，Warner，1999）是借助对烟叶收购的专卖专营、对烟草制品价格的垄断、对卷烟制品销量的严格计划专控等创造的，这些才是烟草专卖制度创造的收益。

众所周知，烟民吸烟容易引起中风、冠心病、癌症、慢肺阻、支气管炎等许多严重病症（中华人民共和国卫生部，2006）。治疗这些疾病会带来巨额的医疗诊治直接费用，同时，因治病或疗养又会产生一定时期的工作中断甚至长期或永远丧失工作、劳动能力，造成间接费用的产生。中国是世界上烟民最多的国家，占全球卷烟制品吸食量的1／3。中国烟草专卖制度一方面保证了卷烟制品的供应总量，另一方面又能压缩控制烟草消费总量（李天飞，2004）。

烟草专卖制度的成本包括专卖管理成本、X低效率、无谓损失、寻租成本，其收益包括控烟收益、超额垄断利润、保护烟农收益以及与其他行业相比少偷逃税款相对给国家增加的收益。

成本-收益问题是烟草专卖制度变迁的动力源，也是中国烟草专卖制度变迁是否顺利成功的决定性因素。近几年，确切地说在1998年后，中国烟草专卖制度的社会总成本已持续远超过了制度社会总收益，因此，中国烟草产业专卖制度必须进行进一步变迁改革。

1.3 研究对象、基本思路与研究方法

1.3.1 研究对象

国内系统地从管制经济学角度研究中国烟草产业的理论文献很少。本书运用产业的管制经济学等传统西方经典经济理论，以中国烟草产业专卖管制制度的检讨为切入点，以政府管制职能转变和专卖制度变革和重构为基本视角来分析中国

烟草产业管制的现状和问题，通过对新形势下中国烟草产业的税收政策、烟草博弈、烟草的成本收益等几方面的理论与实证分析，并参照世界各国烟草产业管制的经验，尝试从行业自身和外部环境层面提出制度变迁的政策建议，探讨中国烟草产业管制变迁的合理路径。

1.3.2　基本思路

本书由8部分组成。其中第1章为绪论，首先明确了选题的目的和意义，接着就本书的有关文献进行综述，进而在对研究方法介绍总结的基础上，提出了创新点和不足。

第2章较为详细地介绍和阐述了管制经济学基本理论的一些基本概念、观点、原理及其由来的脉络，进一步概述了国内管制经济学发展情况、热点等，最后引入管制经济学在烟草产业中的应用。

第3章介绍了烟草传入中国的过程，并作为本书其他章节的补充，又对中国烟草的种植、生产、销售、消费、危害、控制等做了较为全面的概述。其目的是使读者对中国烟草有一个比较全面、完整的认识，以便于理解本书对烟草的研究和观点；借用管制经济学的分析手段和一些原理，回顾了中国烟草产业管制的变迁历史和基本特征。

第4章主要基于外部性原理，结合中国烟草税收的具体情况，全面探讨了中国烟草税收的政策。分析得知，当前与烟草税收相关的分税制财政体制激励着地方政府扶持烟草业的发展，有必要进一步完善中国烟草税收体制；从减少烟草危害、控烟的角度，规范中国烟草税收的一些正确使用方向，抑制这种物品的消费，逐渐减少烟草蔓延的趋势。

第5章从经济博弈的理论视角，全面地分析了新中国成立以来不同时期、不同管制背景下中国烟草各利益主体之间的博弈关系，诸如地方政府从本地财政收入的角度，通过地方保护政策严格控制外地卷烟进入本地市场销售，必要时甚或借烟草专卖执法之名变相进行地方保护和封锁，导致某些市场竞争力差的产品和企业却能较好地规避卷烟市场的残酷洗礼，得到各地方政府的有效保护和扶持，以至于严重影响和制约中国整个烟草产业的市场效率和经营业绩等。由于博弈就是各方对利益的争夺，无可避免地提高了交易成本，决定了制度效率的低下。所以，这些复杂多重的利益博弈关系进一步阻碍了现行烟草专卖体制的运行效率，从而加大了现行整个烟草产业链的运行成本。

第6章借用传统经济学成本收益的理论，选择中国烟草专卖制度成本和收益的新视角进行阐述论证，界定了中国烟草专卖制度的相关概念及其成本和收益的有关内容，收集整理了较为完整的大量的行业数据，对中国烟草产业当前专卖制度下成本-收益状况进行了数量实证，特别是通过计算得出结论，中国烟草自1998年以来就出现了制度成本超过收益的局面，为增强制度运行效率和提高制度收益提供了数据支撑。因为成本-收益问题是烟草专卖制度的变迁的动源，也是中国烟草专卖制度变迁是否顺利成功的决定性因素。

第7章，对照几个主要国家关于烟草管制制度变迁的经验，分析了中国烟草当前管制制度的深层次问题，探讨并提出了中国烟草管制的未来走向及变迁速度、步骤。

第8章对全书做结论性总结。

1.3.3 研究方法

（1）理论分析与实证研究相结合。笔者在借鉴国内外有关经济学经典理论并对其进行一定的理论分析和评价的基础上，结合运用中国烟草产业的有关数据进行实证研究，把理论分析与实证研究相结合，得出可信度较高的结论和可操作性较强的政策建议。鉴于研究对象的复杂性，围绕研究主题和各部分内容展开需要理论证明和实际资料作为基础，因此，对中国烟草产业进行分析的重要基础是烟草行业统计资料的收集和经济变量的测算，以及确定这些经济关系所需要收集的大量资料。总之，在具体研究方法上，始终坚持把理论演绎与实证归纳分析结合起来，并尽可能使理论阐述和经验实证分析与较全面的最新统计资料、图表结合起来，以避免脱离实际的主观推论。

（2）文献检索和调研搜集相结合。在资料收集方面，除了大量查阅图书馆、资料室的书籍和期刊资料外，还在检索策略上频繁使用一些关键词和关键词组，如烟草、烟草工业、烟草专卖、烟草经济、世界卫生组织、烟草控制，检索了管制经济学的许多国内外文献。在检索途径方面，利用了国际互联网等现代通信工具，查阅了大量数据和文献。另外，烟草学科核心期刊由于刊载学科文献密度大，文载率、引文率及利用率相对较高，有着明确的学术内容和较高的学术水平，真正有科研价值的文献多分散在这些核心期刊中，因此也是笔者检索的重点（如表1.1所示）。

表 1.1　检索查阅的烟草科学外文核心期刊

序号	外文刊名	国别	中文刊名	语种
1	*Foreign Agriculture Service Circular: World Tobacco Situation*	美国	外国农业通讯：世界烟草情况	英
2	*Crop Science*	美国	农作物科学	英
3	*American Journal of Agricultural Economics*	美国	农业经济学杂志	英
4	*American Journal of Public Health*	美国	美国公共卫生杂志	英
5	*Journal of Environmental Science and Health*	美国	环境科学与健康杂志	英
6	*Tobacco Report*	美国	烟草通讯	英
7	*U S Patent*	美国	美国专利	英
8	*Applied & Environmental Microbiology*	美国	应用与环境微生物学	英
9	*Journal of Agricultural and Food Chemistry*	美国	农业与食品化学杂志	英
10	*Soil Biology and Biochemistry*	英国	土壤生物学与生物化学	英
11	*Biotechnology*	德国	生物技术	英
12	*Planta*	德国	植物学	英
13	*Plant Science*	爱尔兰	植物科学	英
14	*Gene*	荷兰	基因	英

资料来源：根据相关外文期刊整理。

笔者在研究过程中注意理论联系实际，除了查阅大量中外文献，还走访了国家烟草专卖局郑州烟草研究院、河南省烟草专卖局、国家烟草专卖局郑州干部培训中心、河南农科院烟草所、河南农业大学烟草学院等，得到了一些较新的政策信息和数据。在郑州召开的有关烟草研究课题的国际国内学术会议，使笔者有机会与这一领域的国内外资深专家进行切磋交流，从而进一步加深了对所研究问题的全面把握和认识。

1.4　本书的创新点与不足之处

1.4.1　本书的主要理论创新点

（1）本书对专卖管制下的中国烟草业的研究有着多方面的理论来源，但笔者所做的工作，主要是较多地吸收了管制经济学等西方主流经济学的理论，对中国烟草产业的管制情况进行了全面梳理，其中管制和制度经济学的理论、外部性、经济博弈、成本收益等占有相对重要的地位。而中国学者以往的研究侧重于对那些“基础部门”诸如电信、航空、铁路、电力等自然垄断产业开展研究，目前对于烟草产业管制制度这一领域来说仍然很少涉及。

（2）笔者在坚持理论与实践相结合原则的基础上，对中国烟草产业管制方面统计数据的收集和整理做了许多基础性的工作，特别是对专卖管制下的中国烟草业的现状作了系统的研究，在研究方法上是比较新颖的，这主要是由于笔者近年来从事了与烟草课题有关的研究工作，或许能对中国烟草产业管制经济理论的实证分析起到一定的基础作用。

（3）本书提出了处在十字路口的中国烟草产业管制变迁的政策主张，对目前面临控烟和烟草制度成本偏高挑战的烟草产业管制政策的制定和实施有重要的参考价值。

1.4.2 本书的不足之处

从客观因素上讲，由于烟草专卖制度的转型尚在进行之中，其过程还没有充分展开，其经验是不完整的，所以很难在残缺的经验基础上建立起抽象的框架。从主观因素上讲，主要是对研究的对象，对专卖制度本身的认识还不够深刻，对某些问题的认识还不够清晰，理论准备还不充分。随着研究的深入，许多问题还需要进一步在理论上做出解释。例如，如何实现市场运行的一般规则与烟草管制制度既有的行业特征有效的结合；如何发挥政府在烟草管制制度变迁中的作用等。还有，现阶段中国烟草产业管制领域的市场化改革在很多方面表现为正式规则的改变，也就是说中国的市场化改革在很多方面是以强制性制度变革的形式展开，即先在正式规则上做出调整后驱使人们逐步在非正式规则上也做出适应性的变化，包括人们根据预期的正式规则的变化主动地适应（如人们对WTO规则的积极应对）。这种“逆向型”的制度变革过程实际上提出了一国的传统体制如何适应先进的市场经济规则的问题，显然这是西方的制度变革理论关注甚少的。

2 管制经济学理论

2.1 关于管制、规制与监管

英文“Regulation”在学术界通常译成“管制”或者“规制”。例如，在《新帕尔格雷夫经济学大词典》中，Regulation就被译为“管制”；也有一些学者更多地使用“规制”；而在实际部门，习惯使用“监管”，如金融监管、电力监管、公用事业监管等。即使在经济发达国家，许多学者对管制或规制也有不同的定义。例如，维斯卡西（Viscusi）等学者认为，管制是政府以制裁手段，对个人或组织的自由决策的一种强制性限制。政府的主要资源是强制力，管制就是以限制经济主体的决策为目的而运用这种强制力。丹尼尔·F.史普博（Daniel F.Spulber）则认为，管制是行政机构制定并执行的直接干预市场机制或间接改变企业和消费者供需决策的一般规则或特殊行为。而日本学者植草益对规制所下的定义是：社会公共机构依照一定的规则对企业的活动进行限制的行为。这里的社会公共机构或行政机关一般被简称为政府。著名经济学家萨缪尔森则认为，管制是政府以命令的方法改变或控制企业的经营活动而颁布的规章或法律，以控制企业的价格、销售或生产决策。虽然诺贝尔经济学奖获得者施蒂格勒认为，管制或许正是一个产业积极寻求的，也可能是强加于它的，但他强调管制通常是产业自己争取来的，管制的设计和实施主要是为受管制产业的利益服务的。中国学者对管制的定义与上述定义大同小异，有的学者习惯使用“管制”，而有的学者使用“规制”。例如，余晖沿用上述史普博的观点对管制的一般定义是：管制是由行政机构制定并执行的直接干预市场配置机制或间接改变企业和消费者的供需决策的一般规则或特殊行为。陈富良对规制的定义是：规制是指部门，有时也包括一般的社会公共机构和组织，依据有关的法规，通过许可和认可等手段，对企业的垄断和竞争、进入和退出、价格、服务的数量和质量、投资、财务会计等有关活动及外部性行为施加直接影响的行为。同时，陈富良认为，在汉语语汇中，“管制”容易使人联想到统制和命令经济形式，而“规制”更接近于英文原来的词义，它所强调的是政府通过实施法律和规章制度来约束和规范经济主体的行为，故译作“规制”更为恰当。而曾国安将管制定义为：管制者基于公共利益或者其他目的依据既有的规则对被管制者的活动进行的限制。并认为将 Regulation 译为“管制”较好，管制一词最为准确地表达了 Regulation 的原意，而且符合汉语的表达习惯。规制在这一点上明显劣于“管制”。笔者对此没有明显的倾向性，但按照多年的使用习惯，在本书使用“管制”这个词。综合学者们对管制概念的讨论，我们归纳出管制至少具有这样几个构成要素：①管制的主体（管制者）是政府行政机关（简称政府），通过立法或其他形式管制者被授予管制权；② 管制的客体（被管制者）是各种经济主体（主要是企业）；③管制的主要依据和手段是各种法规（或制度），明确规定限制被管制者的什么决策，如何限制以及被管制者违反法规将受到的制裁等。根据这三个基本要素，可将管制定义为：具有法律地位的、相对独立的管制者（机构），依照一定的法规对被管制者（主要是企业）所采取的一系列行政管理与监督行为。由上可见，在中国理论界，学者们对“管制”或“规制”的定义大同小异，并不存在实质性的区别。因此，在国内学者翻译国外论著和自己撰写论著中，同时使用“管制”或“规制”。而在实际部门广泛使用的“监管”则可分为狭义的监管与广义的监管，其中，狭义的监管概念和范围基本等同于“管制”或“规制”，而广义的监管通常被理解和分拆为“监督与管理”，因此，凡是政府机关的所有行政监督与管理行为都被泛称为监管。本书强调的是，管制不同于一般的行政管理。首先，从对象上看，行政管理发生在政府部门内部，其管理对象主要是政府部门的下级（下属）单位。而管制的对象是独立的市场主体（企业和个人）；其次，从主体与客体的相互关系看，行政管理是政府部门与政府部门间的关系，主体和客体之间往往是上下级关系，并不是完全独立的。而管制实际上是政府与市场主体（企业和个人）的关系，其主体与客体之间是完全独立的；最后，从手段上看，行政管理可以依靠（主观的）行政命令直接控制下级（下属）单位，而管制主要依靠（客观的）法律来规范和约束经济法律上独立的市场主体。

2.2 管制经济理论的实践背景

政府管制的实践最早出现在美国（戴维斯，诺思，1971）。美国政府为了有效地实施行业管制，最早建立了监督管制并保证实施的机构。从20世纪二三十年代起，美国政府管制开始广泛地推广到其他行业，其中受管制最严格的行业（既受价格管制又有新企业进入限制）是：电力、天然气、电话、航空、公路货运和铁路。

行业（美国）管制的特点：第一，管制机构中那些做出重大决策的高层官员都是行政机构或议会任命的。各机构有由议会批准的金融来源以支付它们活动所需的费用。第二，每个机构都有一套控制价格和其他经济活动的做法或运行规则。在一个受管制的行业中，每个企业可以自由决定它们在生产中所用的技术，但不能自由地决定它们的产品出售价格、数量，或它们所服务的市场。管制机构向某一市场提供某产品的公司发放许可证，并决定收取的价格水平与结构，甚至还决定所允许的产量范围。

管制实践中最突出的问题是管制的成本问题（图洛克，1992）。要有效地实施管制，就必须付出相当可观的人力、物力。因此，一项管制是否值得，取决于成本与收益的比较。政府管制的收益主要体现在纠正市场失灵所造成的效率损失。无论是对负外部性的管制，还是为纠正消费者偏好、解决信息不完全问题而进行的管制，就其根本目的来说，都是为了纠正市场失灵所造成的效率损失，使资源配置达到或接近效率状态，增进社会的福利。政府管制的各个环节都会发生成本，总体来看，政府管制的成本分为两大类：一类是由政府承担的成本，主要用于保障政府各个管制机构运行的各种费用；另一类是由被管制对象承担的成本，主要用于向立法者和执法者游说，也包括进行寻租活动的成本。

高额管制成本阻碍着政府管制的有效实施。自20世纪70年代中期开始，公众对管制所强加的经济负担表示不满，经济学家对各种具体管制方案提出了批评，由此引发了一场强有力的、旨在废除许多特定的管制方案的放松管制运动。放松管制的主要内容，就是在市场机制可以发挥作用的行业完全或部分取消对价格和进入市场的管制，使企业在制定价格和选择产品上有更多的自主权；逐步减少价格管制所涵盖的产品范围；放宽或取消进入市场的管制。放松管制之后，企业开始置身于激烈的竞争中，结果企业亏损、倒闭以及兼并等问题接踵而至。于是，美国国会和企业界中又有人呼吁在某些方面应恢复管制。

从行业管制的实践历程来看，管制并未收到预期的效果，无论是主张行业管制还是支持放松管制，其背后都蕴含着经济理论的发展。

2.3 管制经济理论的孕育与发展

美国G.J.Stigler（1971）开创了管制经济学。他认为，在整个经济中，某些集团要求并得到了政府的保护，但另一些集团则不要求或未能得到政府的保护，一些集团得到的保护多一些，另一些集团则少一些。由于管制不能免费获得，所以没有一个集团会得到完全的保护。他进一步分析了在哪些产业或职业集团中最容易发生政府管制。San Pelzman（1976）进一步完善了（Stigler）的理论，对管制的发生及其性质作了如下推测：受管制的商品（或劳务）的价格一般低于垄断价格，高于竞争价格，所以垄断产业的消费者会由管制获得低价产品，而竞争产业的生产者能借助管制高价出售产品，因此，这两类产业较容易发生政府管制；政府管制多半发生在该产业成本低或需求高涨的时期；政府管制在需求高涨时偏向保护消费者，在需求低落时则偏向保护生产者。总之，Pelzman倾向于这样的一种观点：政府管制是以社会公共利益为基础的，这就是所谓管制的公共利益论（Public Interest Theory），即管制的发生应该满足消费者和生产者对总剩余最大化的需求。

同样是在Stigler研究的基础上，以詹姆斯·布坎南（J.Buchanan）等为代表的公共选择学派（Public Choice）的理论认为：现实中的政府并不像传统经济学理论中所设想的那样，是以社会福利最大化为目标的机构；政府官员、立法机构中的议员，是在一些特殊利益集团的帮助下选举出来的，因而要为这些特殊利益集团服务，特别是为那些希望得到垄断权力、避免竞争、维持有保障的垄断利润的大企业集团服务的。具体来说：管制机构为私人利益抑制市场经营活动，而那些受益的私人则愿为管制机构的服务提供补偿。这样的政府（Laffont 和 Titole，1991）称为被私人既得利益集团"俘获的政府"（Captured Government），这样的管制理论则称为管制的俘获论（Capture Theory of Regulation）。

现实中的行业管制结果究竟是接近于公共利益论假说，还是接近于俘获论假说，情形并不是显而易见的。但是，经济理论家在提供管制理由和管制方法时所依据的则主要是公共利益论，因此也引发了对管制与放松管制的争论。

关于行业管制的一个重要领域就是所谓自然垄断（Natural Monopoly）问题的讨论。在西方市场经济中，国家有时对某些行业的价格的进入实行行业管制，只允许一家企业垄断全部生产。这就是自然垄断。围绕着行业管制的低效率问题，许多经济学者开始寻找一些可替代管制的办法。H. 德姆塞茨（1968）提出了一种可替代方式——特许制（Franchise）的投标竞争。这就是：可以由消费者直接授予某一企业生产和销售某种产品供应整个市场的特权，并通过投标竞争（而非管制）使承诺以最低价格出售产品的企业取得这一特权。第二种替代方案是福格桑（L.Vogelsang）和芬辛格（J.Finsnger）（1979）提出：可以利用企业对自身利益的追求，设计某种程序，经过一个过程，最终达到社会福利最大化的目标。

总之，寻找管制替代办法的目标在于提高资源配置的社会效率。这在理论上是可以找到的，但问题是现实生活中，由于情况异常复杂，特别是在政府和企业动机不同、企业比政府又占有更多信息的情况下，如何实施这些方案就不可能那么容易了。

中国的市场经济正处在发展的初期。政府对市场的干预在理论上和实践上都还很不成熟、不完善，反垄断法的制定和实施又不是太久，反垄断法主要用于竞争可能存在而被人为破坏的领域，而行业管制则用于竞争难以存在的领域。

对哪些领域必须实施政府的行业管制以及管制到什么程度缺乏明确的理论和方法，保护市场竞争的立法和司法程序也不是很完备。因此，西方市场经济发达的国家在行业管制和反垄断法方面的理论和实践的进展，无疑对中国及其他发展中国家，将有很重大的参考价值。

2.4 国内管制经济学理论的发展概况

虽然在20世纪70年代以前，经济发达国家的许多学者就发表了不少有关价格管制、投资管制、进入管制、食品与药品管制、反托拉斯管制等方面的论著，但这些论著各自在较小的领域就特定对象进行研究，缺乏相互联系，而且，运用经济学原理研究政府管制的论著更是少见。到了20世纪70年代，一些学者开始重视从经济学的角度研究政府管制问题，并试图将已有的研究成果加以系统化，从而初步形成管制经济学。其中，美国经济学家斯蒂格勒发表的《经济管制论》等经典论文对管制经济学的形成产生了特别重要的影响。20世纪80年代以来，美国、英国和日本等经济发达国家对一些自然垄断产业的政府管制体制进行了重大改革，并加强了对环境保护、产品质量与安全、卫生健康方面的管制。这些都为管制经济理论的研究提供了丰富的实证资料，从而推动管制经济学的发展。但至今，即使在经济发达国家，管制经济学还没有成为一门完全成熟的学科，具体表现为学者们对管制经济学中的一些基本概念、基本理论还存在一定的分歧，特别是对社会性管制的研究还比较薄弱，尚未形成比较完整的学科体系等。我国对管制经济学的研究起步较晚，据我们所掌握的有限资料，最早介绍到我国的管制经济学著作是斯蒂格勒的《产业组织和政府管制》（潘振民译，上海三联书店，1989），在这部论文集中，其中有4篇是关于政府管制方面的论文。随后，出版了日本学者植草益著的《微观规制经济学》（朱绍文、胡欣欣等译，中国发展出版社，1992），这是介绍到我国的第一本专门讨论管制经济学的专著，在我国有很大的影响。余晖等学者还翻译了史普博的《管制与市场》（上海三联书店、上海人民出版社，1999），产生了较大的社会影响。石磊、王永钦翻译了著名管制经济学家拉丰和泰勒尔的《政府采购与规制中的激励理论》（上海三联书店、上海人民出版社，2004），聂辉华翻译了拉丰教授的《规制与发展》（中国人民大学出版社，2009），这两本书反映了管制经济学特定领域的最新成果。

从20世纪90年代以来，国内学者在借鉴国外管制经济学论著的基础上，结合我国实际出版了许多论著，以出版年份和作者编排，据粗略统计，具有代表性的专著有：余晖的《政府与企业：从宏观管理到微观管制》（福建人民出版社，1997）；王俊豪的《英国政府管制体制改革研究》（上海三联书店，1998）、《中国政府管制体制改革研究》（经济科学出版社，1999）、《政府管制经济学导论——基本理论及其在政府管制实践中的应用》（商务印书馆，2001）、《中国自然垄断产业民营化改革与政府管制政策》（经济管理出版社，2002）、《中国垄断产业结构重组、分类管制与协调政策》（商务印书馆，2005）、《中国垄断性产业管制机构的设立与运行机制》（商务印书馆，2008）；张昕竹等的《中国规制与竞争：理论和政策》（社会科学文献出版社，2000）、《网络产业：规制与竞争理论》（社会科学文献出版社，2000）；陈富良的《放松规制与强化规制：论转型经济中的政府规制改革》（上海三联书店，2001）、《企业行为与政府规制》（经济管理出版社，2001）、《规制政策分析：规制均衡的视角》（中国社会科学出版社，2007）；郭志斌的《论政府激励性管制》（北京大学出版社，2002）；肖兴志的《自然垄断产业规制改革模式研究》（东北财经大学出版社，2003）、《公用事业市场化与规制模式转型》（中国财政经济出版社，2008）；于立等的《规制经济学的学科定位与理论应用》（东北财经大学出版社，2005年）；于良春的《自然垄断与政府规制》（经济管理出版社，2003）；夏大慰的《政府规制：理论、经验与中国的改革》（经济管理出版社，2003）；李郁芳的《体制转轨时期的政府微观规制行为》

（经济科学出版社，2003）；王廷惠的《微观规制理论研究》（中国社会科学出版社，2005）；戚聿东的《中国经济运行中的垄断与竞争》（人民出版社，2004）；刘小兵的《政府管制的经济分析》（上海财经大学出版社，2004）；张红凤的《西方规制经济学的变迁》（经济科学出版社，2005）。此外，还有许多学者针对特定产业的管制问题出版了专著。这些都为管制经济学在我国的形成与发展奠定了基础。除了上述管制经济学著作，国内管制经济学者还发表了大量论文。回顾国内管制经济学的发展历程，不难看出管制经济学的研究领域由最初主要介绍管制经济学的基本理论、分析自然垄断产业的价格管制、进入管制等经济性管制，逐渐扩展到健康、安全、环境保护等社会性管制，以及垄断协议、滥用市场支配地位和经营者集中等反垄断管制，其研究成果的数量逐渐增加，质量逐步提升。为了从总体上把握管制经济学文献的研究趋势，我们以中国知网作为主要平台，选择经济与管理科学数据库进行分析，其中。检索的文献数据库为中国学术期刊网络出版总库，目标文献的内容特征选择题名，其余检索范围控制条件设置为"空"，文献内容特征根据是否包括"并含"内容来确定，如果包括"并含"内容则表明文献内容特征中选择并含后的文字内容。20世纪80年代末、90年代初至20世纪末，国内学者的研究重心主要放在对国外管制经济学的基本理论的介绍、经济性管制理论（其中以自然垄断产业为题名的研究成果最多）以及环境政策的研究。进入21世纪，学术界扩大了政府管制理论的研究领域，成果的数量比20世纪明显增多。经济性管制和社会性管制并存、社会性管制成为管制经济学中的重要研究内容已是21世纪管制经济学的发展趋势。相对而言，我国《反垄断法》颁布时间较短，这导致国内学者将反垄断管制作为其研究领域的时间较晚，成果数量较少。

综上所述，我们可以看出，近年来国内管制经济学者的研究领域在逐渐扩展，即由管制基本理论和经济性管制为主向经济性管制、社会性管制和反垄断管制并存的方向过渡。由于管制经济学是一门新兴学科，在研究内容、研究方法、学科体系等方面仍不完善，迫切需要国内管制经济学者结合我国实际，分析具有我国特色的管制问题。值得高兴的是，我国从20世纪80年代末以来，先后在航空运输、电信、电力、城市公用事业等产业不同程度地进行了政府管制体制改革，随着健康、安全、环境保护等关系民生和社会福利问题的矛盾日益突出，国内学者对这些相关领域的研究也在逐渐增多。同时，我国《反垄断法》的颁布与实施为国内学者研究反垄断问题提供必要的法律依据，这些都为国内学者深入研究管制理论与实践问题提供必要的现实资料。我们不难预料，随着国内学者对管制经济学研究的深入、成果数量的增多和质量的提高，管制经济学将成为国内学者的重要研究领域，并可望在不久的将来，我国在管制经济学研究方面将有更大的发展。

2.5　烟草产业的管制经济理论分析

就烟草消费而言，依然存在着消费者偏好不合理、负外部性、信息不完全等市场缺陷，使烟草的消费量远远高于符合资源配置效率（莱本斯坦，1966）的消费量，造成效率损失。通过政府管制，将烟草的消费量限定在一个符合效率的数量上，此时，减少的效率损失即管制的收益。如图 2.1 所示，实行政府管制之前，在市场自发作用下烟草的消费量为 Q_1，而符合效率的消费量为 Q^*，效率损失为 ABC 所代表的面积。此时实行政府管制，将烟草的消费量限定在 Q^*，烟草消费达到效率状态，政府管制的收益为 ABC 所代表的面积。

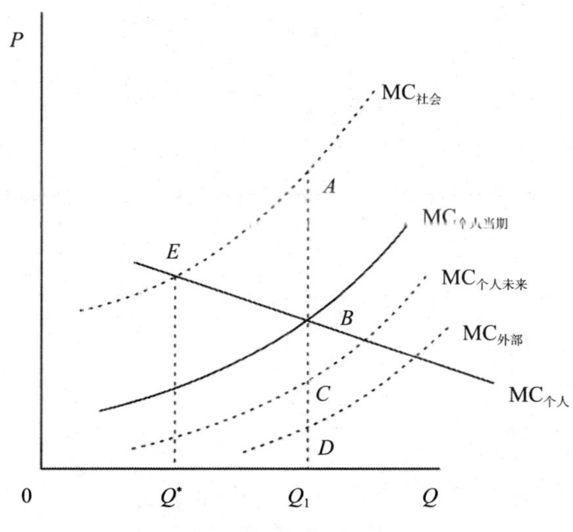

图 2.1　烟草消费管制的收益

图 2.2 表明，随着烟草消费量减少的程度的提高，管制的总收益和总成本（萨松和谢弗，1978）都在增加，但增加的幅度不同。在 Q_1 点之前，总收益大于总成本，政府管制有净收益；而过了 Q_1 点，则总成本大于总收益，政府的管制是无效率的。因此，管制的有效区间在 Q_1 之间。而政府管制所要追求的目标是

使管制的净收益达到最大化，即总收益、总成本之差最大，也就是图2.2中的Q^*。

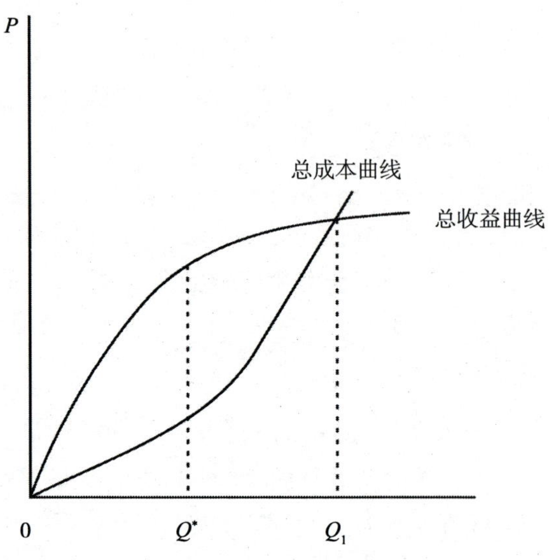

图2.2　烟草管制的成本与收益

用另一种方式来表示，就是要使边际成本=边际收益。如图2.3所示，随着管制强度的提高，在烟草消费量减少的同时，管制的边际成本在上升，而管制的边际收益在下降。符合管制效率的点是Q^*，在该处，管制的边际成本=边际收益，政府管制的效率达到最大。

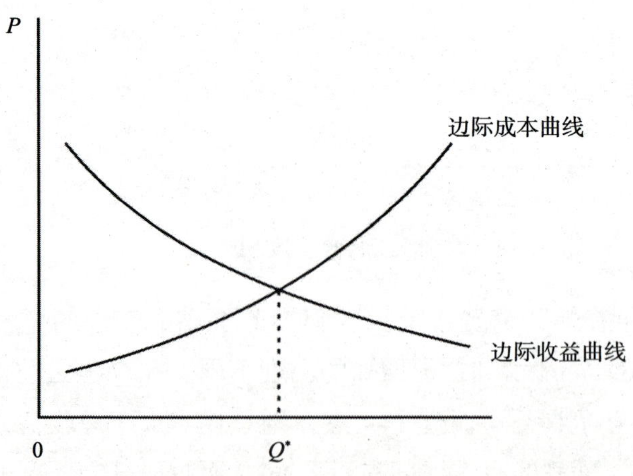

图2.3　烟草行业管制的边际成本与收益

总之，政府管制包括烟草行业的管制中均可能出现一些难以避免的管制性的弊病：诸如政府管制机构的低效率（弗朗茨，1993）、管制者的偏好缺陷、管制者被俘虏等。这些缺陷都会扭曲资源的有效配置，抑制市场竞争和企业活力，同时也会使社会的生产成本大幅度地增加。因此，在考虑一个特定市场的缺陷时，诸如烟草产业，必须认真地评价该产业的市场缺陷以及针对这种市场缺陷的政府干预可能产生的政府缺陷，斟酌干预对社会福利的净效应，选择政府干预的适当程度与方式。

3 中国烟草产业管制概况

3.1 中国烟草产业概况

3.1.1 烟草传入中国的历史

据吴晗先生的考证，烟草传入中国约在明万历后期，大约是17世纪初叶，经三条路线：第一条最早是福建水手从菲律宾（当时称吕宋）带回种子在福建种植，后传至广东和浙江；第二条是从南洋传入广东；第三条是由日本传入朝鲜，再传入辽东。明代《本草纲目拾遗》中，还对烟草做了很详尽的描写，有烟草火、烟梗、烟叶、鼻烟等分别列条，包括烟草输入历史，各种烟草质量及加工方法，烟草的植物形态和品种的描述。而对其毒性及药用价值作了正反两方面的述，指出在明末吸烟已成为中国各地盛行的习惯，其中对当时中国各地烟丝品种均有论述。

早期的吸烟宣传，十分强调甚至夸大了烟草的药用功能，对烟草的传播产生过深刻的影响。最早提及烟草的有关医书，多记载它可“辟瘴”“祛寒”，甚至有“疗百疾”之功。烟草传入之初，在文人学士、达官士绅中吸烟被认为是一雅好，吸烟的情趣往往被着力渲染，以烟为题的文章、诗词之类在文苑中比比皆是。蔡家琬《烟谱》提到，有人认为“士不吸烟饮酒，其人必无风味”。正是追逐这种绅士风味，使不少人对烟草由“索而赏试”到“顷间必需”，甚至达到“如感狐媚，如蛊妖色”的地步。当时烟草又有“烟酒”和“干酒”之称，烟草逐渐成为馈赠和待客之物，从上层社会到民间，与茶、酒同为待客之物。随着吸烟的发展，有相当一部分人吸烟成瘾，嗜烟如命，吸烟成为一部分人的生理需要。何其伟《爱筠索咏烟筒》诗云：“亦知无甚味，只是苦相思。”吸烟者虽然比较普遍地存在这种矛盾的心理，但毕竟同烟草结下了不解之缘。

3.1.2 中国烟草种植

中国是世界烟草种植第一大国，年产量约占世界总产量的32%。中国种植的烟叶类型较多，主要有烤烟、白肋烟、晒烟和香料烟，其中烤烟量最大，产量占到烟叶总产量的80%以上。我国烤烟、白肋烟、晒烟和香料烟的产量均位列世界前10名，其中烤烟世界第一，其产量占整个世界烤烟总产量的一半以上。2003年全国烤烟种植面积1438万亩；2004年移栽烤烟面积1507万亩；2011年全国具备排灌能力的基本烟田达到2556万亩；2012年我国烟叶种植面积达到2118万亩。

（1）烟田基础投入及管理。2008年共安排现代烟草农业建设试点135个，试点村种烟主体平均规模达到16.4亩，500亩以上的连片面积占57.1%，全行业全年投入基础设施建设专项资金74.09亿元，完成541万亩以水利工程、机耕路、密集式烤房为主要内容的基础设施建设任务。2009年全国商品化供苗面积达94%，同比提高12.7个百分点； 2010年全国共有烟农专业合作社11746家，其中工商注册烟农专业合作社3728家。2011年从育种、供苗、化肥供应、病虫害防治、防灾抗灾、烘烤、收购各个环节，为烟农提供全方位服务。2012年烟草系统全年安排烟水、烟路、烤房等常规建设项目36万件，土地整理46万亩，投入补贴资金130.8亿元。2012年全国百亩以上连片种植面积1572万亩，占74.2%；10亩以上专业户种植面积1167万亩，户均种植17.02亩；专业化育苗达100%，机械化耕作、起垄分别达75.9%和64.8%。

（2）烟叶消耗。中国是世界烟叶年消耗量最多的国家，烟叶年消耗量约占世界烟叶消耗总量的37%，年消耗烟叶250万吨左右。消耗的烟叶品种主要为烤烟、晒烟、白肋烟和香料烟，其中，烤烟消耗约占烟叶总消耗量的近90%。同时，中国也是世界烤烟消耗量最多的国家，年烤烟消耗量约占世界总消耗量的60%。2011年全国收购烟叶5013.5万担，2012年收购5429.6万担。

（3）烟叶价格。2011年收购上等烟比例为56.09%，同比提高11.06个百分点，中等烟比例同比减少3.29个百分点，低等烟比例同比减少7.7个百分点；烟叶收购价格总体水平比上年提高12%。2012年全国烤烟收购价格平均提高20%，全国白肋烟、香料烟收购价格平均提高23%。

（4）烟农收入。2012年中国烟农总收入512.31亿元，同比增加130.32亿元，增长34.12%；户均烟农收入3.69万元，同比增加8000元，增长27.68%。

3.1.3 中国卷烟生产及销售

中国是世界卷烟生产大国，也是世界卷烟消费大国，卷烟产量约占世界总产量的三分之一；卷烟消费量也约占世界总消费量的三分之一，均位居世界第一。卷烟年产量和消费量接近4000万箱。中国卷烟市场97%的份额为中国烟草总公司控制，其余3%左右的份额主要为英美烟草公司、雷诺士公司和乐富门公司等世界知名的大烟草公司占据。随着国民生活水平的提高，卷烟生产结构也在调整，非滤嘴烟的产量成倍递减。中国卷烟生产与消费基本持平，进口量很小，年进口量在10万箱以内；卷烟出口量相对产量来说也较小，近两年年出口量约为30万箱。

（1）中国卷烟销售网络。2003年全行业已建立营销中心2794个，配送中心2452个，客户服务中心1143个，入网销售的卷烟零售客户达到475万户，其中实行电话订货的达到158万户，已占到零售户总数的三分之一。近两年来，各地结合网络建设还积极进行了取消县级公司的改革探索，到去年底全行业有573家县级烟草公司已经取消法人资格改为卷烟访销配送中心。2011年全国有500多万户卷烟零售客户，这是培育品牌、服务消费的强大力量。2012年全年零售客户平均收入2.2万元，同比增长21.6%，多数月份的毛利率维持在10%以上。2012年全国网上订货率达到73.68%，同比提高45.5个百分点，卷烟平均零售毛利率达10.1%，同比提高0.3个百分点；零售客户平均收入2.22万元，同比增长21.6%；零售客户满意度为83.1分，同比提高0.7分。

（2）中国卷烟产销量。2012年从各省市的产量来看，云南卷烟的产量达3649.9亿支，同比增长2.13%，占全国总产量的14.91%，紧随其后的是湖南和河南，分别占总产量的7.42%、6.85%。2011年从品牌烟销量来看，“红塔山”“白沙”“双喜”的销量均突破300万箱，“云烟”“红河”超过200万箱，“黄山”“七匹狼”等7个品牌达到100万箱；从品牌烟销售收入来看，“中华”的销售收入突破1000亿元，“云烟”“芙蓉王”“双喜”超过600亿元，“利群”“红塔山”达到500亿元，“白沙”“玉溪”“黄鹤楼”突破400亿元。2012年中国卷烟产销量同比增长控制在2.4%以内，重点品牌实现商业销售收入同比增长19.5%。

3.1.4 中国烟民及卷烟消费

2012年中国有15岁以上烟民3.5亿人，约占全球吸烟者的1／3，其中约

3000万女性，1500万13～18岁青少年，还不包括4000万尝试吸烟者。由此遭受被动吸烟危害的人数是5.4亿，其中青少年1.8亿。2012年调查结果显示，15～69岁人群现在吸烟率为31.4%；2012年13～18岁青少年吸烟率为11.5%，男女生分别为18.4%和3.6%，15～69岁非吸烟者的51.9%遭受被动吸烟的危害。

中国烟民的增长是随着人们生活水平的提高而逐步增长的。从整体上来看，中国烟民增长的原因主要有以下三个方面：①随着经济的发展和人民生活水平的改善，用于吸烟的开支也相应增加；②农民和一部分城镇居民吸旱烟、自制卷烟和水烟的人数减少，吸卷烟的人数增加；③新的吸烟者使烟民队伍不断扩大。此外，社会风气等因素也对卷烟消费产生重要的影响。总体而言，目前中国的卷烟消费水平仍然不高，尤其人均年消费额比发达国家还少得多。到2015年，中国在世界烟草消费中所占的比例将增加到45%，增加大约850万名吸烟者。

2012年中国烟民的特点：①男多女少。男性烟民占男性人口的28.5%，女性烟民仅占女性人口的3.1%。二者远低于西方发达国家。②城市低于乡村。对北京、上海、广州、武汉四地的调查结果表明，18岁以上的群体中，总体的吸烟率为28.5%，低于全国平均水平。③文化教育程度与吸烟率、吸烟量显著相关，基本成反比关系，即文化教育程度越高者，吸烟率和吸烟量两个指标都很低，而文化教育程度相对低者的情况正好相反。从吸烟率来看，研究生以上学历的人群中，吸烟率为21.2%，而小学以下人群的吸烟率为34.5%，是研究生以上学历人群的1.6倍。这说明，人的知识储备越丰富，文化程度越高，越倾向于不吸烟。④成年人群中，年龄越大吸烟率越低。其中一个原因是随着年龄的增长，人的身体机能下降，使人切身感受到抽烟的危害；另一个原因是随着年龄的增长，人的认知能力不断提高，人对香烟的文化依赖程度降低。实际上，随着烟龄的增加，人对香烟的生理依赖和心理依赖会加大，但吸烟率反而降低，说明文化因素对人的抽烟行为起着重要规范作用。但上述两个因素具体各有多少影响因子，难以量化研究。

3.1.5 中国烟草的危害

烟草的有害成分主要是烟碱和焦油。烟碱（尼古丁）毒性强烈，服2~3滴能致人死亡。一支点燃的香烟烟雾中含有2000多种有害物质，对人体危害较大的有49种，其中有15~20种是致癌的，尤以苯并芘为最。此外，一氧化碳、氢氰酸、丙烯醛、亚硝胺、砷、钋、铅、铋以及微粒状的焦油和尼古丁均为有害物质。尼古丁是使吸烟者成瘾的物质，使心率加速，血压升高，心脏负担增加，心肌需氧量增加。吸烟时一氧化碳增多，减弱了血红蛋白的带氧能力，常常会出现心脏缺氧，这是导致心绞痛、心肌梗死和猝死的原因之一。此外，焦油中含苯并芘，能刺激支气管上皮细胞逐渐向癌变方向发展。氢氰酸和丙烯醛能破坏支气管黏膜，增加黏液分泌和引起炎症，严重时会引发肺气肿等。

中国吸烟导致的疾病根据卫生部第3次全国死因调查结果（卫生部，2008），肺癌的死亡率近30年上升了465%。2000年WHO基于主动吸烟对肺癌、食道癌、胃癌、肝癌、慢性阻塞性肺病、肺结核、中风、肌缺血性心脏病等的影响，估计出当年中国归因于烟草死亡的人数约为100万，占全国死亡总数的12%，超过了艾滋病、结核、交通意外和自杀的死亡总和。2012年由于被动吸烟导致的肺癌死亡为2.3万，肌缺血性心脏病为3.4万；吸烟导致的慢性病人数2063万人。2012年中国现有人口中约有190万人死于被动吸烟引起的慢性阻塞性肺疾病（COPD）。如果不采取有效措施，2020年将有200万人死于与烟草相关的疾病，其中一半人将在35~64岁死亡；吸烟男性平均损失9年的生命，吸烟女性平均损失7年的生命。

吸烟导致的经济负担，北京大学中国经济中心的研究表明，2005年中国由于吸烟导致的疾病直接成本是1665.60亿元，吸烟导致的间接成本，包括误工损失、被动吸烟、火灾、环境污染等，是861.11亿元至1205.01亿元，两者加在一起，因吸烟造成的成本达2500亿元以上，超过了当年中国烟草上交国家的税利2400亿元（见图3.1）。由于吸烟引起的疾病、早亡、病假工资和医疗的直接成本为140亿元人民币，吸烟所造成的经济损失已经远远高于利税。2010年吸烟造成的生产力损失为910.57亿元（见表3.2）。吸烟使贫困家庭生活水平进一步恶化。中国农村贫困地区烟草支出在家庭的预算中占了很大比重。由于家庭收入非常有限，为了买烟减少了教育投入、医疗、农机投入、购买种子、购买食品等费用，这与国外的研究结果基本一致。如果农村家庭每个月买20包烟，那么将人均减少10元食品开支，8元住房花费，4元穿衣花费，以及3元教育开支。

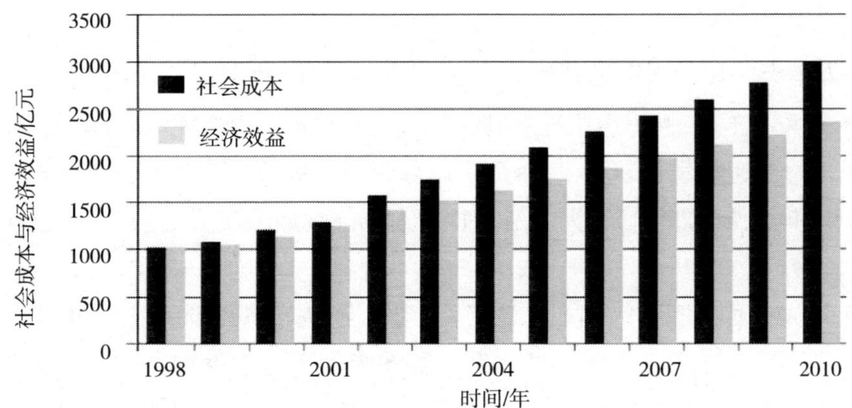

图3.1　1998—2010年中国烟草业社会成本与经济效益评估比较

资料来源：中国烟草科技网。

表3.1　2005年吸烟导致的间接成本估算

成本种类	2005年成本/亿元	占当年GDP比例/%
吸烟的早亡成本	606.74~894.84	0.33~0.49
吸烟的误工成本	5.04	0.003
吸烟的火灾成本	8.68~10.26	0.005~0.006
吸烟的污染成本	0.74(2004)	0.0004
二手烟成本	239.91~294.13	0.13~0.16
总间接成本	861.11~1205.01	0.47~0.66

资料来源：李玲.中国吸烟成本估算［DB/OL］.（2006-11-17）. http：//capital.wswire.com/htmlmews/2006.

表3.2　吸烟造成的生产力损失

年份	单位劳动力贡献/元	吸烟导致社会劳动力损失/万人	累计的吸烟造成产值损失/亿元
1998	11349.21	300	340.476
1999	11604.41	300	348.132
2000	12565.57	310	389.533
2001	13137.05	310	407.249
2012	22209.01	410	910.569

资料来源：肖琳，杨杰.中国烟草及其导致的疾病负担和经济影响［J］. 中国健康教育，2012（9）.

3.1.6 中国控烟

中国人禁烟、控烟活动已持续了300余年。明代崇祯十二年（1639年）和十六年（1643年），两次下诏禁止种烟和吸烟。清太宗时（1639年）尚未入关，就开始禁烟，处罚违禁事件60余起。由于诸如雍正、乾隆等皇帝虽不吸旱烟，但他们是鼻烟和鼻烟壶的爱好者，宫廷达官贵人也都吸烟，实际上一直以来禁烟形同虚设。

近年来，中国吸烟风气仍在蔓延，高档烟已成紧俏货和时尚。2012年全国流行病学调查资料显示，中国人群在家中被动吸烟率为71.20%，儿童被动吸烟率为46.50%，其中76.63%来自父亲。诱发学生吸烟行为的，小学阶段主要与其父母及长辈的吸烟有关，而在14岁（中学）以后其吸烟行为开始向成人型吸烟方向发展，暴露于社会环境中的吸烟现象和各种状态在一定程度上起到了诱导学生吸烟的作用。2012年中国烟民情况及吸烟原因如表3.3所示。

表3.3 2012年中国烟民情况及吸烟原因

烟民情况		有烟瘾（习惯）/%	缓解压力/%	受同事、朋友的影响/%	吸烟很酷/%	其他/%
性别	男性	55.9	28.2	14.1	0.7	23.0
	女性	30.0	45.0	30.0		15.0
年龄	18~29岁	41.9	40.6	16.8	0.6	25.2
	30~39岁	54.4	24.8	16.8	0.8	28.8
	40~49岁	62	26.6	11.4		17.7
	50岁以上	67.9	19.6	10.7	0.9	17.9
家庭收入	<2000元	56.3	29.4	12.6		18.5
	2000~4000元	52.3	28.8	19.7	0.8	24.2
	4000~8000元	52.5	29.5	14.8	0.8	21.3
	8000元以上	59.3	33.3	7.4		31.5
日吸烟频率	10支以内	42.3	33.7	20.9	1.0	24.5
	11~20支	64.1	23.6	11.8	0.5	23.6
	20支以上	63.1	29.2	4.6		18.5

资料来源：中国烟草科技网。

尽管吸烟和反吸烟的对立和斗争从未间断，实际结果是禁者自禁、吸者自吸，烟草为越来越多的人所接受，成为一种社会性的嗜好品。

2003年我国签署《烟草控制框架公约》；2005年8月，全国人大常委会表决批准该《公约》。控烟工作取得了有目共睹的成绩。全国相继开展了无烟场所、无烟单位、无烟学校、无烟草广告城市创建和认定工作。中国社会集体的控烟意识还没有形成气候，特别是关于禁烟的态度及其政策，近三百年间中国不同时期政府关于禁烟立场的反复，在某种意义上纵容了吸烟的发展。

3.2 中国烟草产业管制及其变迁

我国实行烟草管制的历史比较晚，到清末基本上还没有实行烟草管制。国家对烟草实行管制是从20世纪初开始，至今大致经历了三个阶段。

3.2.1 中国烟草管制的初步形成阶段（1915—1949年）

1915年，北洋政府制定和颁布了《全国烟酒公卖局暂行章程》《全国烟酒公卖暂行简章》和《各省烟酒公卖局章程》等法规，设全国烟酒公卖局，下设各省烟酒公卖局及地区公卖分局，各地层层设立烟酒公卖机构。公卖局作为管理机构，其主要职责是酌定公卖价格、检查监督经营情况和代征公卖费，并规定管制品必须印有公卖印照方可出售。这是中国第一次实行烟草管制，即“官督商卖”制。1927年，国民党政府成立后，颁布了中国第一部烟草管制法规《烟草公卖暂行条例》，为增加税收及整顿卷烟营销，决定对卷烟销售实行行政许可管理，由各省烟酒事务局发放许可证，这是中国最早实行的卷烟零售国家许可证制度。至此，中国烟草管制尽管很不完善，但已初具雏形。

3.2.2 中国烟草专卖管制的演变与发展阶段（1949—1978年）

新中国成立后，卷烟零售以私营为主，处于自由竞争状态，卷烟市场秩序混乱。为加强管理，1951年中央人民政府财政部颁布实施了《管制事业暂行条例实行草案》，在东北、内蒙古地区实行管制，成立了东北烟酒管制总局和东北烟酒公司，对卷烟产品商标、盘纸及烟叶实行管制。1953年起国家决定烟草实行统购包销政策，开始逐步实行高度集中的计划管理和管制管理体制。1954年中央地方工业部接管地方国营卷烟工业后，完成对私营烟厂的社会主义改造，调整了全国烟草工业布局。20世纪60年代初期，国家针对烟草业务管理部门过多，地方烟草企业严重分散经营的状况，批准建立第一家全国性的托拉斯——中国烟草工业公司，对烟草实行“产供合一”的管理体制。“文革”期间，中国烟草工业公司被撤销，卷烟企业、烟草收购部分全部下放，分散管理。这时，烟草工业出现了盲目发展，管理混乱不堪、卷烟质量下降、产销严重失调的现象。1976年开始对卷烟工业企业进行恢复性的整顿，重新建立和健全各项规章制度，生产秩序逐步恢复正常。1949年至1978年的30年间，中国烟草行业经历了上述不平凡的曲折的历程，总的来说是向前迈进了一步，但也出现过种种失误。历史的经验告诉我们，对烟草这个特殊行业只有加强集中管理，才能避免盲目发展；只有实行国家垄断经营，才能避免财源流失。因此，实行国家烟草管制和集中管理体制，是历史发展的必然。

3.2.3 中国现行烟草专卖管制的确立阶段(1978—2004年)

十一届三中全会后，中央即着手研究烟草管理体制的改革问题。当时，对其他行业普遍实行简政放权，对烟草行业则是组织上划，实行集中统一管理，建立国家烟草管制。1981年5月，国务院发文明确提出，为了加强对烟草行业的集中管理，改善市场卷烟供应，增加国家财政收入，决定对烟草体制进行重大改革，成立中国烟草总公司，对烟草实行国家专营。

1982年1月1日，中国烟草总公司正式挂牌成立。1983年9月23日国务院发布《中华人民共和国烟草专卖法实施条例》（以下简称《烟草专卖条例》），11月1日起在全国实施。1984年1月6日，国务院批准成立国家烟草管制局，对烟草专卖管制进行全面的行政管理，这标志着中国现行烟草专卖管制正式确立。烟草专卖管制的确立使烟草行业从分散管理走向集中管理，从自由发展变成国家垄断经营，对扭转当时烟草行业盲目发展的混乱局面，促进产供销协调发展，改善和提高卷烟产品结构和提高卷烟质量，满足群众消费需求等方面起到了积极作用，尤其是为国家财政积累做出了较大贡献。随着中国经济体制改革纵深发展，《烟草专卖条例》作为政府颁布的行政法规，已经难以适应形势发展的需要。1991年6月29日，全国人大常委会审议通过了中国烟草行业有史以来的第一部烟草专卖法典《中华人民共和国烟草专卖法》，把烟草的国家专卖管制以法律的形式确立和固定下来。

3.2.4 中国烟草产业专卖管制的改革完善阶段(2004—2010年)

（1）全国省级工业公司完成了与所属卷烟工业企业的合并重组，各省级工业公司全部改制为中国烟草总公司的全资子公司，卷烟工业企业相继改制为省级工业公司的全资子公司或分公司。积极进行建立符合现代企业制度要求的企业法人治理结构的探索，在红塔、红云烟草（集团）有限责任公司和中烟实业中心下属企业建立了董事会、监事会，初步形成规范运作、有效制衡、高效运行的法人治理结构。加强董事会建设工作。修订《省级工业公司董事管理暂行办法》和《省级工业公司职工董事管理暂行办法》，研究制订《省级工业公司监事管理暂行办法》，董事会制度不断健全完善，在企业决策中的作用得到较好发挥。工业公司改制任务全面完成。

（2）积极推进卷烟工业跨省联合和品牌整合。国家局制定了《关于卷烟工业跨省联合重组工作的指导意见》，制定品牌考核评价办法，推动品牌跨省整合。广东中烟和广西中烟、浙江中烟和甘肃烟草工业实施了跨省联合重组，云南中烟的红塔、红云、红河三个集团公司整合为两个集团公司。全国确定16家合作生产定点工厂，总公司通过注资形式投入108.85亿元资金，重点用于企业技术改造，改善企业工艺技术条件，确保合作生产品牌产品质量。

（3）在商业企业体制改革方面，建立市场导向、面向客户、面向消费者的营销体系。全国公司制改造继续推进，建立了总公司、省公司、地市级公司三级母子公司体制，以地市级公司为市场营销主体，省级公司集中精力抓管理、抓资产经营，取消县级公司法人资格。加快推进现代物流建设，完成《烟草工业企业物流作业规范》《烟草商业企业物流配送中心视频监控系统统一平台技术规范》《烟草工业企业物流绩效评估标准》等标准的制订并抓紧贯彻实施，健全行业物流工作组织体系。积极推进“按客户订单组织货源”，统一地市级公司电话订货系统。2012年全国持证卷烟零售客户中实行电话订货的达430万户，占零售客户总数的97%；实行电子结算的达195万户，占零售客户总数的43.97%。全行业有近50%的地市级公司完成了对配送部门的整合，实现了“一库式”配送，直接分拣到户的达296万户，地市级公司经营主体作用已经显现，促进了网络整体功能进一步发挥。

（4）打叶复烤企业改制力度不断加大，建立了有限责任公司体制，按新体制要求建立和完善各项管理制度。云南、贵州、湖北打叶复烤企业重组整合试点深入推进，2012年烟草工业企业增加投资35.11亿元，股权比例提高到60%以上，股权结构更加合理，企业实力明显增强；按照现代企业制度要求，建立公司法人治理结构，充分发挥股东作用，企业运作更加规范有序；调整烟叶加工布局，为卷烟工业企业深度介入打叶复烤环节、烟叶相对集中加工创造条件。

目前，全国烟草行业现有包括深圳、大连在内的33家省级烟草专卖局和烟草公司，16家工业公司，57家卷烟工业企业，1000多家商业企业，以及烟叶、卷烟销售、烟机、物资、进出口等全国性专业公司和其他一些企事业单位，全行业职工51万人。

3.3　中国现行烟草专卖管制的特点

根据《中华人民共和国烟草专卖法》（以下简称《烟草专卖法》）和《中华人民共和国烟草专卖法实施条例》（以下简称《实施条例》）规定的精神，笔者认为，目前中国烟草专卖管制制度具有以下法律特征。

3.3.1　烟草专卖管制主体的特殊性

烟草专卖管制是中国一项特别的法律制度，《烟草专卖法》把国家作为烟草管制的主体，国家对烟草管制实行统一领导、垂直管理、专卖专营的管理体制，实现行政管理和生产经营管理高度集中。同时明确国务院烟草专卖管制行政主管部门主管全国烟草管制工作，地方各级烟草专卖管制行政主管部门是代表国家行使烟草专卖管制权，其他任何组织、单位和个人都没有烟草专卖管制权，以保证国家财政收入。在这一制度的确立过程中，国家行政机关发挥了至关重要的牵引作用。一方面，国家烟草专卖管制行政主管部门由国家行政机关分化而来，1984年国务院批复同意将轻工业部烟草专卖局改为国家烟草专卖局；另一方面，烟草专卖法由国家行政权力运作使然，《中华人民共和国烟草专卖法》是国家烟草专卖管制行政主管部门以国务院1983年发布的《中华人民共和国烟草专卖法实施条例》为蓝本，历经四年七次修改后拟定送审稿，由国务院提请全国人大常委会审议通过的。在烟草专卖法的起草过程中，国家行政机关，特别是国家烟草专卖管制行政机关，始终起着主导作用。

3.3.2 烟草专卖管制经营的垄断性

所谓垄断是指一种排他性的占有，具有区域性、部分性及暂行性的特点。从垄断的形式机制上看，垄断可以划分为三类：市场性垄断、自然性垄断和行政性垄断。那么烟草管制垄断是一种什么形式的垄断呢？烟草管制垄断首先是一种国家垄断。《烟草专卖条例》第2条规定：国家对烟草管制品的生产、销售和进出口业务实行垄断经营、统一管理的制度。而国家垄断与一般的垄断有所区别，一般垄断的特点对于国家垄断而言就难以体现了，如区域性特点，国家对烟草管制的垄断是全国范围的。其次，烟草专卖管制是一种行政性垄断，即指国家利用合法的行政权力决定对一个行业或一个领域的进入，并决定产品或服务的价格甚至产量所形成的垄断。烟草管制经营的垄断地位是全国人大通过立法的形式，将烟草这个行业纳入市场，并且确定其在全国市场的垄断地位。因此，对这种国家行政性垄断，除非法律废止，否则其他任何部门、单位组织和个人是不能动摇其垄断地位的。

3.3.3 烟草专卖管制范围的广泛性

中国烟草专卖管制实行的是完全管制、国家管制。完全管制是全方位的管制，《烟草专卖法》及其《实施条例》规定的专卖管制对象不仅包括烟草及其制品，而且还包括与卷烟生产密切相关的烟草机械和烟用辅料；管制范围不仅包括生产领域，而且涵盖流通领域，甚至经检验不合格的卷烟纸、烟用丝束等与卷烟制造有关的残次品、下脚料也须烟草管制行政主管部门审查、监销。国家管制是指国家设立专门机构统管管制事宜，管制管理权限从产量计划、产品定价、企业基本建设到进出口审批权限全部集中于中央国家行政机关，地方政府不得干预。

4　中国烟草产业管制的动因：烟草税收

4.1　传统西方经济学的烟草征税理论

4.1.1　亚当·斯密的烟草征税观点

亚当·斯密早在200多年前就以烟草税为例，首先说明烟草无论对富人还是对穷人来说，都不是必需品而具有奢侈品的性质。他认为，对烟草课税不会影响劳动工资；并且，对烟草课税引起的烟草价格上升并不会必然降低下等阶级人民养育有用子女的能力，对穷人来说，对这类商品的课征起着取缔奢侈的法律作用，使他们少用或者完全不用这种奢侈品。由于这种被迫的节约，他们养育子女的能力不但没有减少，反而或许常常因为课税而增加了。从亚当·斯密的论述中可以看到，烟草不是必需品，对它征重税而引致的价格提高，会减少低收入群体的消费量，从而使低收入群体能够把更多的收入用于消费必需品，提高低收入群体的福利水平，改善公平状况。收入水平越低的群体，对卷烟的需求价格弹性越大，卷烟价格的提高，会比较大幅度地降低他们的吸烟率和卷烟需求量；而高收入阶层对卷烟的需求价格弹性为正值，即随着卷烟价格的提高，高收入阶层的吸烟率反而会增加。因此，对烟草制品课以重税引起烟草制品价格上升，低收入群体的反应会比高收入群体敏感，低收入群体的烟草制品需求量下降幅度会大于高收入群体，而且会有一部分低收入群体因为烟价的提高而放弃吸烟。这样，不仅能够因为减少购买烟草制品的支出而增加购买必需品，从而提高生活水平，而且，由于减少吸烟甚至戒烟而减少疾病患病率，也减轻了低收入阶层的医疗开支负担，提高了他们的生活水平。这两个方面都能提高低收入群体的福利水平，改善社会的公平程度。

4.1.2　外部性与烟草征税

H. 西奇威克（1887）和A.马歇尔（1890）最早对外部性问题进行了研究。所谓“外部经济”是指一个厂商是否产量扩展决定于一个部门的一般发展状况和部门环境的一般进步状况；换言之，“外部经济”是指部门内厂商之间经济活动上相互产生的一种积极的刺激和影响，这种积极的影响在生产成本中反映不出来，是看不见摸不着的。20世纪20年代，英国A.C.庇古（A. C. Pigou）出版了《福利经济学》一书，补充了“内部不经济”和“外部不经济”这一对概念。庇古认为，在经济活动中，如果某厂商给其他厂商或整个社会造成不须付出代价的损失，那就是外部不经济，这时，厂商的边际私人成本小于边际社会成本，边际私人经济福利大于整个社会的边际经济福利。庇古认为，当出现上述现象时，依靠自己竞争是可能不起作用的，政府采取适当的政策（如征税和补贴）是必要的。庇古最早系统地分析外部成本和外部经济收益问题。他指出，如果存在外部经济的话，则完全竞争均衡将不是帕累托最优，此时，政府采取相应征税或补贴方式来解决。以下对此做一简单分析。

假定一个成本不变的完全竞争行业中的厂商，在进行生产的同时，排放一定的污染物于门前的河流中。在厂商看来，这种排放污染的成本为零；然而，河流附近的居民的生活受到了严重损害，即厂商将外部成本加强给附近的居民。在图4.1中，市场需求与供给曲线分别为D和S水平的成本线代表规模报酬不变，完全竞争均衡的产量和价格分别为Q_1和P_1。MEC代表边际外部成本，从整个社会来说，边际成本应是厂商内部成本加上外部成本，因此真正的供给线应该是S_E和Q_E。可见，完全竞争均衡与最优均衡相比，由于外部成本的存在而产量过高，价格过低。

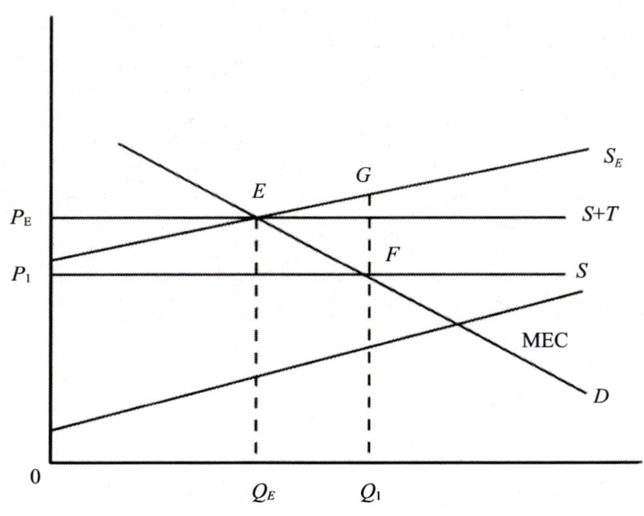

图4.1　外部成本与税收

在存在外部经济成本的情况下（Warner，1990），完全竞争均衡产量过高，价格过低，这种低效率可通过征税来制止。鉴于这种情况，庇古提出这样一条法则：如果要达到社会福利的最大化，任何经济的社会边际收益与边际经济成本相等。显然，在此例中，市场均衡点F处的边际成本GQ_1大于边际社会收益Q_E下的外部成本，即$T=P_E-P_1$，于是，外部成本就成为厂商的内部成本，厂商的供给曲线上升到$S+T$，市场均衡达到最优。

类似地，但存在外部收益时，则采取相反的补贴措施。假设某消费品的供给能给他人带来外部的收益，如图4.2所示，市场供给和需求曲线分别为S和D，市场均衡为F点，竞争均衡为（Q_1，P_1）。但从社会角度看，并未实现最优（Sung等，1994），因为存在一条为他人说享受的外部边际收益曲线MEB。因而，社会边际收益或社会需求曲线应为D_s，社会最优均衡应为E点所决定的值（Q_E，P_E）。为了鼓励生产者将产量从Q_1扩大到Q_E，可以对生产厂商实行补贴，补贴量T的大小为最优产量Q_E下的社会边际收益。

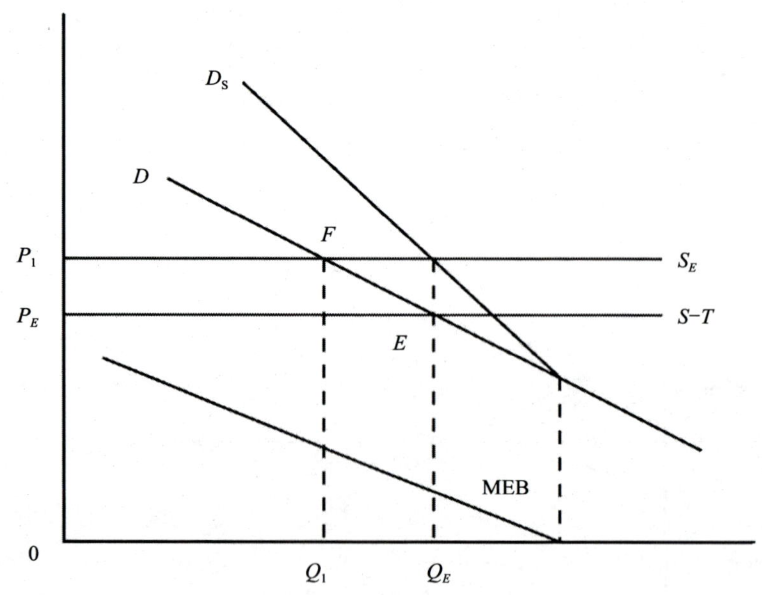

图4.2　外部收益与补贴

R.Coase（1960）在其著名论文《社会成本问题》中指出，只要“产权”（Property Right）是明晰的，私人之间交易活动不存在交易成本，则私人之间达成契约同样可以解决外部效益所引起的问题，实现资源的最优配置。这就是著名的科斯定理（Coase Theorem）。科斯定理表明，在产生外部性的场合，并不一定需要政府的干预，只要明确外部性的所有权，同样可以达到有效配置资源的目的。但这一看法显然假定交易成本为零。交易成本不同生产中所消耗的资源成本，它是围绕自己交易而发生的任何谈判或使契约强制执行的成本。但交易成本过大时（Colell，1995），通过市场也许无法有效地解决外部性问题。因而，在现实中，某种形式的政府调节不可缺少。在私人产权无法界定时，就必须借助建立和健全法律制度，或政府有利的强制实施某些规则，才能使公共资源得到最优利用。

卷烟及烟草制成品属于有市场缺陷的产品，此时，需要考虑税收的矫正性。从这个角度来说，对卷烟及烟草制成品征税还必须考虑它对吸烟行为的矫正作用（刘虹，2009），而不是税收中性。

矫正税一般出现在以下两种情况。

一是对外部成本的矫正（Ramsey，1957）。由于外部成本的存在，产品或服务的私人成本与社会成本产生了不一致性。如果按照私人成本来决定生产的资源配置，就会低估产品的成本，使得这一产品或服务的提供量超过符合效率准则的生产量，于是用税收的方式矫正外部成本的问题。

二是对有害品的矫正。市场以消费者个人的价值判断为资源配置的依据。在有害品的情况下，产品的边际效用被过高地估计，因此产出将大于以适当的价值判断为基础的产出水平。在这种情况下，可以通过矫正税（Cordes 等，1990）来达到合理配置资源的目的，向该产品征收特别的税收。吸烟行为存在负外部性，存在信息不对称，存在吸烟者过高评价吸烟的效用、过低估计吸烟的边际成本，以及吸烟者未来治疗成本、早逝成本和吸烟者给社会带来的外部成本。因此，征税收入是用来纠正吸烟者的效用和成本评价，弥补因吸烟行为造成的社会经济损失的。为此，可以考虑把烟草征税收入用于医疗卫生、反烟宣传、戒烟补贴等方面的开支，进一步服务于控烟目标。对卷烟及烟草制品课以重税的目的正是为了矫正这些问题。因此，卷烟及其制品税是典型的矫正税，符合税收的矫正性原则（Lewit 和 Coate，1982）。

4.1.3 西方经济学其他烟草征税观点

现代烟草致瘾理论及其缺乏需求价格弹性的实证分析来看，与大多数其他商品相比，按照反弹性原则，对烟草制品这种需求价格弹性小的商品，也应该按照较高的税率征税。

P.A.Diamond（1971）和J.Mirrlees关于最优商品税制的经典结论，B. Baumol（1970）和D. Bradford在拉姆齐规则的基础上，推导出反弹性原则，指出，若商品之间不存在交叉效应，则税收与含税价格之比就应该与需求的价格弹性呈反方向变动，即需求的价格弹性越小，税率就应该越高；反之，需求的价格弹性越大，则税率应该越低。卷烟及烟草制成品属于边际消费倾向比较高，并且税后的消费量仍然比较大的消费品，尤其是对高档烟草制成品这种高收入阶层的奢侈品，也应该开征高税。

4.2 中国烟草税收政策的回顾

烟草作为一种嗜好品，在其传播过程中，始终贯穿着吸烟与反吸烟的对立与斗争。中国最早的烟草税始于明代崇祯末年。明崇祯皇帝即位后下令禁止种植、私售烟草，违者斩首示众。崇祯末年，明军与满族军队作战，由于天气寒冷，有将士认为吸烟可以驱寒。虽然朝廷有令禁烟，但是将在外军令有所不受，有许多将士吸烟。为此，军队统帅向崇祯皇帝提出“弛禁”的建议，崇祯皇帝批准了该建议，提出要“寓禁于征”。《明实录》记载：“崇祯十四年（1641）十月，弛禁兴贩烟酒，听从民便，须加等纳税，不遵者，仍依律治罪。”这就是中国最早的烟草税收。清代初期，政府在个别边疆关市征收烟税。到了清康熙年间，征收烟税成为普遍情况。

北洋政府时期，土烟叶（即传统的中国晾晒烟）列在公卖费及烟酒税中征收，按照制度，公卖费率从价征收，烟酒税率从量征收，烟叶、烟丝各有税费，并在产销两地分别稽征，经过海关还要缴纳关税。各省的税则经常变革，费税高低不齐，征收手续各不相同。

国民党政府时期，从1940年起，各省烟酒税基本上采取从量征收办法，税额固定。1941年4月，国民党政府财政部拟订《国产烟酒类税暂行条例》（以下简称《暂行条例》），统一烟酒税制，规定停止各省的烟酒税、烟酒公卖费和土烟叶特税等，统一开征国产烟酒类税。烟酒税实行统一的税率，从价征收。1941年7月至1948年4月，国民党政府先后对《暂行条例》修订过5次。经过多次修订，税率有所提高：机制卷烟税率为120%，手工卷烟、雪茄烟为60%，熏烟为

30%，烟叶税为60%，烟丝税为40%。

1949年中华人民共和国成立后，对烟草征收货物税；1953—1957年的税制调整小，对烟酒试行商品流通税；1958—1972年的税制改革中，对烟草制品征收工商统一税；1973—1978年对烟草制品征收工商税；1979—1993年对烟草业执行与其他行业一样的统一征收60%的产品税。

1983年以来，中国烟草业已为国家发展贡献了雄厚的建设资金，从某种程度上说，烟草及其各类制品已逐步蜕化成为一定的财政化商品（丁云，2008），中国烟草产业也已无可避免地成为了国家积聚财政资金的主导型产业。诸如，中国烟草产业2009年创造的税利是1982年的70倍，从原来75亿元增加到5131.13亿元。2011年全烟草行业实现税利7529.56亿元，同比增加1382.89亿元，增长22.5%，上缴国家财政6001.18亿元，同比增长22.82%。2012年全行业实现工商税利8649亿元，同比增长15.7%，全年上交国家财政7166亿元，同比增长19%。国家烟草行业位于国家上缴税利大户行列，为中国财政基础的不断充实和经济顺利改革转轨做出了不可磨灭的贡献，如表4.1所示。

表4.1　1994年分税制改革以来中国烟草产业历年税利占全国财政收入比例

年份	烟草历年税利/亿元	全国财政收入/亿元	占比/%
1994	550	5218	10.54
1995	710	6242	11.37
1996	830	7408	11.20
1997	900	8651	10.40
1998	950	9876	9.62
1999	989	11444	8.64
2000	1050	13395	7.84
2001	1200	16386	7.32
2002	1400	18904	7.41
2003	1600	21715	7.37
2004	2181	26396	8.62
2005	2495	31649	7.88
2006	2950	38760	7.61

续表

年份	烟草历年税利/亿元	全国财政收入/亿元	占比/%
2007	3880	51322	7.56
2008	4499	61330	7.34
2009	5131	68477	7.49
2010	6046	83102	7.28
2011	7530	103740	7.26
2012	8649	117210	7.38

资料来源：根据中国国家烟草专卖局烟草统计公报和中国历年统计年鉴整理。

1994年中国的烟草税收制度发生了改变，对烟叶开始征收农业特产税，对烟草卷烟制品开始征收增值税、消费税，对境内烟草企业统一征收城市企业所得税、维护建设税，构成了当今烟叶及烟草制品的较为完整的税收征收制度。

4.2.1 卷烟制成品消费税

1993年12月颁布了《中华人民共和国消费税暂行条例》，该条例规定了对烟草制成品征收增值税后，再征一道卷烟消费税。1994年中国的卷烟消费税实行以出厂价计征40%的一档税率政策，即执行单一的从价定率政策。1998年中国的卷烟消费税一档税率调整为：一类卷烟制成品为50%，二、三类卷烟制成品为40%，四、五类卷烟制成品为25%。2001年6月中国的卷烟制品消费税改为采取从量定额和从价定率相结合统一的复合计税办法。即先对所有卷烟制成品征收从量税，单位税额为每标准箱（5万支）征收150元，之后再按照调拨价格从价征税。该卷烟制成品调拨价格是指该卷烟制成品生产企业通过卷烟制成品交易市场与购货方签订的卷烟制成品交易价格。对于甲类卷烟制成品，该调拨价格每标准条（200支）在50元（含50元，不含增值税）以上的卷烟制成品和进口卷烟制成品，按照45%的税率计征卷烟制成品消费税；对于乙类卷烟制成品，该调拨价格每标准条（200支）在50元（不含50元，不含增值税）以下的卷烟制成品，以30%的税率征收消费税；至于雪茄烟，先按每500克征收0.5元的从量税，之后按照25%的税率从价征收卷烟制成品消费税；关于烟丝，先按每500克征收0.5元的从量税，之后再按30%的税率从价征收卷烟制成品消费税。

消费税应纳税额的计算公式为：应纳税额 = 各类烟草制成品销售额×该适用税率。其中，销售额为销售各类烟草制成品向购买方收取的全部价款和相关的价外费用。

除此之外，还规定下列卷烟除了按照每标准箱（5万支）征150元的定额税之外，适用45%的比例税率征收卷烟制成品消费税：进口卷烟制成品，白包卷烟制成品，手工卷烟制成品，自产自用没有同牌号、规格调拨价格的卷烟制成品，委托加工没有同牌号、规格调拨价格的卷烟制成品，未经国务院批准纳入计划的企业和个人生产的卷烟制成品。

自产自用的烟草按照纳税人生产的同类烟草及其制品的销售价格计算纳税；没有同类烟草制成品销售价格的，按照该卷烟制成品组成价格计算纳税：

计税价格=（成本+利润）÷（1-消费税税率）

利润指根据全国烟草及其制成品的平均利润率计算出的利润。

委托加工的烟草及其卷烟制成品，按照受托方的同类烟草及其卷烟制成品的销售价格计算纳税；没有同类烟草及其卷烟制成品销售价格的，按照该烟草及其卷烟制成品组成价格计算纳税：

计税价格 = （材料成本+加工费）÷（1-消费税税率）

进口的烟草及其卷烟制成品，实行从价定率计算应纳税额的，按照组成计税价格计算纳税：

计税价格 = （关税完税价格+关税）÷（1-消费税税率）

4.2.2　烟叶税

烟叶税是2006年新开征的一个税种。在2006年之前的农业税中，对烟叶课征税率为20%的烟叶农业特产税。2006年4月颁布了《中华人民共和国烟叶税暂行条例》，规定开征烟叶税取代原烟叶农业特产税，对收购晾晒烟叶制成品、烤烟叶制成品的单位征收烟叶税，征收税率统一为20%。

4.2.3　烟草及其制成品增值税

1993年颁布的《中华人民共和国增值税暂行条例》规定，对销售和进口卷烟、雪茄、烟丝的单位和个人，就其取得的该烟草及其制成品增值额，统一按照17%的税率征收增值税；对烟叶制成品的销售或者进口，统一按照13%的税率征收增值税。

4.2.4 烟草及其制成品城市维护建设税和教育费附加

烟草及其各类制成品加工和销售企业按照其所缴纳的增值税、消费税和营业税的总额缴纳该烟草及其制成品城市维护建设税和教育费附加。其中该城市维护建设税按7%（纳税人在市区）或5%（纳税人在县城、镇）征收，该教育费附加按1.5%征收。

4.2.5 烟草及其制成品企业所得税

烟草及其制成品加工和销售企业按照33%的税率缴纳企业所得税。

4.2.6 中国烟草税收的财政制度

按照1994年中国财政分税制关于税收收入划分的基本原则，增值税的75%纳入中央财政收入，25%纳入地方财政收入；消费税均属于中央财政收入，农业税均属于地方财政收入，原农业税停征之后代之开征的烟叶税属于地方财政收入。作为地方财政税收的城市维护建设税与教育费附加是以增值税和营业税、消费税之和为计税依据的，由此，与烟草产业有关的高额的增值税、消费税对城市维护建设税与教育费附加这两种地方税有着至关重要的作用。

此外，与烟草产业有关的高额的增值税和消费税还由于可以通过中央对地方的税收分成返还的计算公式，因此烟草业的增值税、卷烟消费税严重影响着地方从中央获得税收分成返还的多少。该计算公式为：

中央对地方税收分成返还数＝上年度税收分成返还数×（1+当地“两税”增长率×0.3）

4.3 烟草税收政策及其控烟效应的国际比较

4.3.1 世界各国普遍对烟草课以重税

世界大部分卷烟产销国都无一例外地对卷烟及其制成品实行重税（国家烟草专卖局外事司，2006），该政策贯彻实施的主要理由是：第一，维护消费者包括被动烟草消费者及广大烟草潜在危害者的身体等健康利益。为了减轻由于烟草导致广大居民身体健康受损程度，政府作为社会公共利益的提供者和维护者，才不得不纷纷对烟草及其制品实行“寓禁于征”的高税政策，其主要目的还是试图通过变相地强制提高烟草企业和卷烟消费者的成本来调控烟草制品的生产和消费量，以求从根本上达到维护消费者身体健康的目标。第二，增加政府财政经济收入。大部分卷烟产销国政府对烟草及其制品征收高税，除了维护卷烟消费者及被烟草致害者身体健康的目标外，还有一个重要目标就是为了从客观上获取更多财政税收收入。任何一个烟草及其卷烟产销国家的政府，还依然是社会公共利益的维护者，同时也是一个具有政府经济收益最大化目标要求的利益体，寄希望于通过征收较高的烟草税来增加政府财政的收入。第三，减少和消除烟草消费的负外部性（Lewit 和 Coate，1982）。吸烟除了致害吸烟消费者的身体健康外，还同时排放大量有害和污染烟雾，这样就既污染了周围空气环境，也有害于周围其他不吸烟者的身体健康。值得注意的是，吸烟完毕后没有燃烧尽的烟头还经常引发意外火灾。为了减少和消除烟草消费的负外部性，各烟草及卷烟产销国政府制定“使用者付费”的基本原则，试图通过对烟草制品征收高税的特别经济手段以弥补烟草消费者对环境和他人造成的不利影响。

正是由于上述这些原因，世界大部分卷烟产销国普遍实行了卷烟高税政策。2012年按照美国农业部统计和计算的数据，世界平均的卷烟销售税收率（烟草及其制品税收占烟草及其制品市场零售价格的比重）大约为51%。在卷烟及其制品产量排前10位的卷烟生产大国中，中国排在第一位；但其卷烟销售税收率为54.5%，并不是最高的。其他9国的税率依次为：俄罗斯19.5%，英国79.5%，德国68.3%，日本61.3%，美国28.5%，印度尼西亚45.1%，巴西72.6%，荷兰71.5%，土耳其66.3%，由此可见，各国的卷烟税负一般而言都是十分重的，甚至有相当一部分国家其市场价格的一半以上都直接或间接地转化成了政府的税收。

表4.2根据美国农业部的统计计算结果（国家烟草专卖局外事司，2012），按照综合税率从高到低的顺序，列出了110个卷烟产销国家（或地区）的卷烟综合税率（毛正中等，2012）。

表4.2　世界主要卷烟产销国家（或地区）卷烟综合税率一览表

国家	综合税率/%	国家	综合税率/%
斯里兰卡	83.1	西班牙	70.6

续表

国家	综合税率/%	国家	综合税率/%
丹麦	80.9	韩国	70.5
英国	79.5	瑞典	70.4
以色列	79.1	德国	68.3
葡萄牙	78.5	阿根廷	68.2
玻利维亚	77.5	前南斯拉夫	67.3
爱尔兰	76.7	卢森堡	67.1
芬兰	76.0	阿尔巴尼亚	65.0
挪威	75.6	巴巴多斯	64.4
法国	75.6	日本	61.3
冰岛	75.3	捷克	60.7
智利	75.3	埃塞俄比亚	60.7
比利时	74.2	匈牙利	59.1
意大利	73.8	瑞士	58.2
奥地利	73.6	加拿大	58.0
巴西	72.6	菲律宾	56.2
希腊	72.1	缅甸	55.6
澳大利亚	72.0	秘鲁	55.3
突尼斯	71.9	乌干达	55.2
荷兰	71.5	委内瑞拉	54.8
新西兰	71.5	埃及	54.7
埃及	54.7	立陶宛	31.8
印度	54.6	尼日利亚	30.3
中国	54.5	赞比亚	30.0
保加利亚	53.3	尼日尔	29.5
加纳	53.2	老挝	29.1
塞浦路斯	51.9	塞拉利昂	28.9
罗马尼亚	51.8	马来西亚	28.6
肯尼亚	51.1	美国	28.5
斐济	50.5	哥伦比亚	26.0
亚美尼亚	50.0	乌克兰	25.4

续表

国家	综合税率/%	国家	综合税率/%
阿曼	50.0	巴拉圭	24.4
沙特阿拉伯	50.0	喀麦隆	21.4
塞内加尔	50.0	巴基斯坦	66.9
也门	50.0	马耳他	66.9
墨西哥	49.9	毛里求斯	66.5
越南	45.0	乌拉圭	66.5
巴拿马	44.7	土耳其	66.3
牙买加	43.5	摩洛哥	66.3
尼泊尔	43.4	孟加拉国	66.0
洪都拉斯	43.0	马里	65.8
圭亚那	42.5	波兰	65.5
坦桑尼亚	42.5	斯洛伐克	49.7
科威特	41.2	厄瓜多尔	48.7
马拉维	41.1	泰国	48.2
津巴布韦	40.0	危地马拉	47.7
哥斯达黎加	37.2	阿联酋	47.4
科特迪瓦	36.3	南非	47.3
爱沙尼亚	35.1	新加坡	46.5
尼加拉瓜	32.7	萨尔瓦多	46.3
拉脱维亚	32.5	印度尼西亚	45.1
巴布亚新几内亚	32.3	多米尼加	21.2
叙利亚	20.8	俄罗斯	19.5
约旦	20.0	贝宁	18.2
苏丹	20.0	马达加斯加	16.7
扎伊尔	19.8	世界平均	51.0

从表4.2可以看到，在110个卷烟产销国家（或地区）中，烟草综合税率最高的为斯里兰卡，高达83.1%，最低为马达加斯加，为16.7%，平均综合税率为51%。综合税率高于70%的国家有25个，占全部国家（或地区）的23%。

4.3.2 世界各国对烟草及其制品的消费税

众所周知，鉴于烟草的特殊危害性，有必要减少和限制烟草及其制品的消费与生产，同时也从客观上增加了政府的财政收入，世界各烟草及其制品生产国于是普遍对烟草及其制品征收体现“寓禁于征”政策的烟草及其制品消费税或类似性质的烟草及其制品特别税。这里根据128个国家或地区的烟草统计资料（汪世贵，2012），当前征收烟草及其制品消费税或者特别税的国家或地区有124个，其中仅有沙特阿拉伯、阿曼、阿拉伯联合酋长国、利比里亚等少数几个国家没有征收烟草及其制品消费税。世界各国对烟草制品开征的消费税，一般都在所有烟草制品税总额的70%以上。

世界各国烟草及其制品消费税的征收范围一般都包括雪茄烟、卷烟、嚼烟、烟斗丝、板烟、手卷烟、鼻烟以及用于消费的烟丝等烟草制品。鉴于税种设置、税制结构不同，世界各国在具体的卷烟及其制品消费税方式方法、征收范围有很大不同。

4.3.3 世界各国卷烟及其制品消费税的计征方法

（1）从世界各国卷烟及其制品消费税开征情况看，当前的计征方法大体上有如下分类。

第一大类是实行从价计征。从价计征，就是根据烟草及其制品在某一特别规定交易环节的交易价格按规定比例税率征收。该从价计征的国家或地区中又可分为两类：一类是实行有差别从价税率，如印度尼西亚等国家，对不同档次或类别的卷烟按不同的比例税率从价计征；另一类是实行无差别从价税率。如阿根廷、智利、埃及、巴西等国家对所有卷烟及其制品都是按照一个相同的规定比例税率从价计征。

第二大类是实行从量计征。从量计征，就是按卷烟及其制品的数量（支数或重量）定额计征消费税。在实行从量计征的国家或地区中，又有两个不同类型：一类是实行有差别税率，对不同类别或档次卷烟按不同的定额税率征收，如埃及、塞浦路斯、科特迪瓦、菲律宾等国家；另一类是实行无差别税率，如日本、澳大利亚、美国等对所有卷烟按同一规定定额税率征收。实施从量计征的国家中，各国确定定额税率的方式又有很大不同。如日本、美国等国卷烟及其制品消费税的定额税率由国会根据需要和各方面综合情况来考虑，逐次地调整，并以法律的形式确定下来才付诸实施。而像澳大利亚的卷烟定额税率主要是与居民消费价格指数挂钩，实施指数化处理，每年按法定程序与方法调整两次。

第三大类是实施从量与从价相结合的计征方法。其中按照实行的是有差别还是无差别的从量与从价结合，又可分为四小类：第一小类如中国现在实行的是无差别的从量定额税与有差别的从价比例税率相结合的方法计征；第二小类是实行无差别从价与无差别从量相结合方式计征，如德国、英国、意大利、荷兰、奥地利、法国等国家对所有卷烟实行单一税率从量与单一税率从价相结合的方法计征；第三小类，如前南斯拉夫等国家或地区是按既有差别的从量定额税率与又有差别的从价比例税率相结合征收；第四小类，如赞比亚等国家实行的是有差别的从量定额税率与无差别从价比例税率相结合计征。

卷烟及其制品消费税的各种计征方法各有千秋，所适用的经济条件和环境不同，对经济影响也不一样。具体来说，实施从价计征方法，比较适应于卷烟价格差距和变化都比较大的市场，能保证烟税收入随卷烟价格的上升而稳定增加，体现的是卷烟“价值量”上的公平税负。它的不足主要是征管难度和成本较大。与此相反，实施从量定额计征方法，适应于卷烟价格差距和变化都不大的较为成熟的市场，征管简便，对卷烟生产和消费者而言，在“物质量”上是公平税负，它的不足是与物价没有直接挂钩，不能保证政府烟税收入的稳定增长。

从理论上说，不论是从价计征，还是从量计征，或者是从价与从量混合计征，并没有绝对的好坏统一评价标准。一个国家到底选择什么样的征税方式，最主要的是应符合该国烟草业发展的客观实际。如果一个国家卷烟价格比较集中，则一般宜采取从量计征或以从量为主的从量与从价混合计征的方式；而如果一个国家卷烟价格结构比较分散，则大多实行从价计征或以从价为主的从量与从价混合计征的方式。

综观世界各国卷烟消费税的实施情况，从量税（或以从量为主，辅以从价）在卷烟价格较为集中、市场供给者（包括生产商和销售商）较少、消费行为较为成熟（吸烟主要是为了自身的一种嗜好）的国家较为盛行，如美国、日本、欧盟等国；而从价税主要集中在卷烟价格档次差距很大、市场供给者较多、消费行为复杂多变的国家，如中国、印度尼西亚、巴西等。此外，从国内卷烟产销比例来看，生产型国家以从量计征方式居多，而消费型国家大多实行从价计征。

各国都是按照自己国家的实际情况来考虑决定采用哪种计征方法的。当前，实行无差别从量定额税率计征卷烟制成品消费税的国家有俄罗斯、美国、日本、澳大利亚、加拿大等38个国家；实行无差别税率从价比例计征的30个国家，主要为中亚、非洲、南美等地区发展中国家；按无差别税率从量定额与无差别从价定率相结合的方式综合计征的主要有东欧、欧盟等30个国家。实行差别税率从量定额或差别税率从价比例定额或将两者结合起来计征卷烟消费税的国家并不多。2012年根据对世界128个主要的卷烟生产及消费国的统计，从量征收的国家有42个，占32.8%；从价计征的国家有48个，占37.5%；从量与从价混合计征的国家有33个，占25.8%；对卷烟不征消费税的国家有5个，占3.9%。表4.3列出了世界各国卷烟消费税计征方法的情况。

表4.3　世界各国卷烟消费税计征方法一览表

大类	小类	主要国家或地区
从量定额计征	有差别从量定额	菲律宾、埃及、塞浦路斯、科特迪瓦4个国家
	无差别从量定额	俄罗斯、美国、日本、澳大利亚、加拿大等38个国家或地区
从价比例计征	有差别从价定率	印度尼西亚
	无差别从价定率	中亚、非洲、南美等地区30个发展中国家
从量与从价复合计征	有差别从量定额与无差别从价定率相结合	赞比亚
	有差别从量定额与有差别从价定率相结合	前南斯拉夫
	无差别从量定额与无差别从价定率相结合	欧盟成员及东欧地区30个国家
	无差别从量定额与有差别从价定率相结合	中国

（2）卷烟消费税收入的归属划分。

各国卷烟消费税收入的归属划分（成红伦，2009）大致包括两种情形：一种是将其征收的全部卷烟消费税作为中央政府财政收入，诸如英国、德国、澳大利亚、印度乃至中国等；另一种是将卷烟消费税作为中央财政与地方财政分成共享或类似于分享的税种，如日本、加拿大、美国等。

各个国家的卷烟消费税是作为中央独享税或是作为中央与地方分成共享税，与各国国体以及由此形成的中央与地方事权财权的划分财政体制、税收制度等诸多方面有关，不一而论。即便都是把卷烟消费税作为中央独享税或作为中央与地方分成共享税的所谓同一类型的国家中，其卷烟消费税具体分割与调配也不尽相同，各有千秋。

（3）卷烟消费税的征收环节。

在世界各国的卷烟消费税的征管方式中，除了计征方法上有很大差别外，具体的卷烟制品征税环节和有关的税收分配结构也完全相同。大体上说，卷烟消费税主要通过如下三个环节征收取得：①卷烟制品生产环节（向该生产商征税）；②卷烟制品批发环节（向该批发商征税）；③卷烟制品零售环节（向该零售商征税）。各国选择在哪些环节征收烟草及其各类制成品的相关税，主要受该国财政税务机关的税收征管能力、企业和居民的缴税纳税意识以及该国财税体制等综合因素的影响。从当前情况来看，绝大多数国家是通过卷烟生产商和零售商这两个环节征税，也有极少数国家在一个或其他多个环节征税。

由于烟草税收在大多数国家都属于中央与地方分成税，因此，不同环节征收的税收，可能就会有不同的税收归属。一般而言，在出厂环节向生产商征收的烟草税，大多属于中央政府收入；而在销售环节向批发商或零售商征收的烟草税，通常属于地方政府收入。国际上许多烟草及其各类制成品生产及销售的国家的有关烟草基本税收制度是：归属于中央税的或者归属于中央政府财政收入的部分，一般都在卷烟制成品生产环节和海关进口环节或某种特定的“烟草物流配送中心”发货环节征收。归属于地方税或者归属于地方财政收入的部分，一般是在卷烟批发销售环节归属地征收，向卷烟经销商征收。比如在美国，卷烟消费税分为联邦政府消费税和州政府消费税（少部分州还有地方政府消费税），联邦政府消费税由生产商在出厂环节按17美元/千支的税率交给联邦政府，州政府消费税由分销商按各州规定的税率（全国平均也大致为17美元/千支）交给地方政府。

4.3.4 国际不同税收负担水平下的吸烟率

从2001年到2011年的10年间，发达国家成人烟草消费量下降了13%，与此同时，中国却上升了20%；发达国家平均每人少吸了1支烟，而中国平均每人却多吸了3支。

从表4.4可以看出，英国的吸烟率从1982年的45%下降到2012年的25%，下降了20%；同期，男性吸烟率从51%下降到26%，下降幅度是25%；女性吸烟率从41%下降到23%，下降幅度为18%。

表4.4　英国的吸烟率　　%

年份	1982	1986	1990	1994	1998	2002	2006	2010	2012
男性	51	45	38	35	31	28	28	27	26
女性	41	37	33	31	29	26	26	25	23
合计	45	40	35	33	30	27	27	26	25

再从每人日平均吸烟量来看，表4.5列出了从2008年到2012年英国男性和女性每人的日平均香烟消费量。

表4.5　英国人均日吸烟量　　支/（天·人）

年份	男性	女性
2008	21.6	16.9
2009	16.8	13.9
2010	15.0	13.0
2011	15.0	13.0
2012	15.0	13.0

从表4.5可以看到，自2008年以来，在英国，男性的日均吸烟率从21.6%下降到15.0%，女性吸烟率从16.9%下降到13.0%，消费量都降低了。这个降低主要表现在1979年至2000年期间，进入2010年以后，日均消费量保持在一个稳定的水平上。

有资料显示（世界银行，2012），美国的吸烟率从2000年以来持续下降。美国疾病控制和预防中心报告称，2008年和2009年美国成人吸烟率为24%和23.5%，2011年和2012年美国成年人的吸烟率分别为22.5%和21.6%，2012年美国成年人的吸烟率继续呈下降趋势，降为20.9%。2012年世界卫生组织以此统计世界各国烟草消费状况。统计显示，2012年日本男性吸烟率为46.1%，女性吸烟率由2011年的13.1%下降至2012年的12.8%，国民总吸烟率为29.4%，自2008

年连续4年低于30%。这也是日本吸烟率连续第12年呈下降趋势，但这个数字在发达国家中仍然居于前位。

在挪威统计局进行的一系列调查中，关于16~74岁的吸烟成年总人口的数字表明，总体上男性趋于下降，女性趋于稳定。2012年的吸烟率，男性为30.3%，女性为29.3%；每天平均消费的香烟，男性为14.0支，女性为11.2支。

再来对照中国和其他国家的情况，如表4.6、4.7所示。

表4.6 1996—2012年中国人群吸烟情况

吸烟人群	吸烟率/%		人均日吸烟量/支	
	1996年	2012年	1996年	2012年
女性	4.19	3.08	10.54	10.00
男性	66.94	66.00	14.83	45.00
总计	37.62	35.80	14.60	14.80

资料来源：中华人民共和国卫生部主编的《中国卫生统计年鉴》(2012)。

表4.7 各国烟草税率与吸烟率的对比

国家	烟草综合税率/%	吸烟率/%	
英国(2004年)	79.5	综合	25.0
		男性	26.0
		女性	23.0
挪威(2001年)	75.6	男性	30.3
		女性	29.3
澳大利亚(1995年)	72.1	男性	27.0
		女性	23.0
日本(2005年)	61.3	综合	29.4
		男性	46.1
		女性	12.8
中国(2002年)	54.5	综合	35.8
		男性	66.0
		女性	3.10

续表

国家	烟草综合税率/%	吸烟率/%	
美国(2004年)	28.5	综合	20.9

注：①各国烟草综合税率为2012年数据；由于资料来源所限，各国吸烟率的数据选自不同年份，标于国家名称下面的括号内。②美国综合税率仅指联邦政府的税率，各州在此基础上对卷烟还按不同税率征税。

通过对上述数据的对比可以看到，一般而言，较高的烟草税率伴随着较低的吸烟率。综合税率最高（79.5%）的英国，有着最低的吸烟率（25%），而中国的吸烟率居首，为35.8%。在所列国家中，中国的烟草综合税率接近最低，为54.5%。

4.4　中国烟草税收政策问题分析

4.4.1　烟草税收负担相对偏低，导致吸烟率过高

中国的烟草税收负担在世界的烟草大国中处于比较低的水平。由前面的表4.3可以看到，中国卷烟的综合税率为54.5%，略高于51%的世界平均水平，排在110个国家的第53位，与综合税率最高的斯里兰卡（83.1%）相比，低了28.6个百分点，相当于斯里兰卡的66%。

在卷烟产销量居前10位的国家中，平均综合税率为57.1%，中国的税率按从高到低的顺序排在第七位，如表4.8所示。

表4.8　世界前十位卷烟产销国卷烟综合税率　　%

国家	英国	巴西	荷兰	德国	土耳其	日本	中国	印度尼西亚	美国	俄罗斯	平均
税率	79.5	73.6	71.9	70.4	66.3	61.3	54.5	45.1	28.5	19.5	57.1

从表4.8可以看出，在卷烟产销量居世界前十位的国家（Sung等，2005）中，中国的烟草综合税率低于57.1%的10个国家平均数，排在第7位，与综合税率最高的英国（79.5%）相比，低了24.6个百分点，相当于英国的69%，属于税率偏低的国家。

以上讨论的是卷烟综合税率的情况。下面单纯考察卷烟消费税的情况。表

4.9列出了2012年十大卷烟产销国的卷烟消费税情况。

表4.9 2012年世界十大卷烟产销国卷烟消费税征收方式及税率水平

国家	征收方式	每千支卷烟从量消费税征收方式及税率额	从价税率/%
中国	从量与从价混合	3元(约0.36美元)	30或45
美国	从量	约34美元	
日本	从量	7072日元(约54.1美元)	
印度尼西亚	从价		28~40
德国	从量与从价混合	92.2马克(约52.4美元)	22
俄罗斯	从量	29卢布(约1.3美元)	
巴西	从价		75
英国	从量与从价混合	90.43英镑(约150.7美元)	22
土耳其	从价		120
荷兰	从量与从价混合	103.55荷兰盾(约52.3美元)	21

资料来源：国家烟草专卖局烟草经济研究所的经济研究报告《世界卷烟税收政策浅析》，2012年3月6日。

从表4.9可以看到，如果按照从量税的标准来看，税收最重的是英国，每千支卷烟的从量税约为151美元，日本、德国、荷兰每千支卷烟的从量税均超过50美元，俄罗斯为1.3美元，而中国每千支卷烟的从量税负仅为0.36美元。按照从价税的标准来看，税收最重的是土耳其，从价税税率为120%，其次是巴西，为75%，中国的税率分两档，即30%和45%。

总的来看，中国的烟草税收负担偏低。按照经济学原理，正常商品的需求量与商品的价格成反比，同样的产品，价格升高则需求量减少，价格降低则需求量增加。由于卷烟制品税属于流转税，经销商能够通过价格把税收转嫁给消费者，因此，烟草制品的价格在很大程度上受到烟草税收高低的影响。一般而言，提高烟草税收水平即意味着提高烟草制品的价格水平，于是，高税引起高价，从而引起消费量的下降；低税引起低价，从而引起消费量的上升。

对比世界各国的烟草制品综合税收负担水平和吸烟率，不难看出，较高的税收负担伴随着较高的吸烟率，较低的税收负担伴随着较低的吸烟率。

因此，中国目前的高吸烟率在很大程度上是低税低价的结果。

4.4.2 财政体制对控烟起着反方向作用

在现行分税制财政体制下，与烟草相关的各项税收构成地方政府的重要收入，这种利益机制激励着地方政府大力扶持烟草业的发展。

（1）烟叶税作为地方税，激励着地方政府对烟叶种植的关注和支持。在多年来"减轻农民负担"的呼喊声中，中国政府终于在2004年6月取消农业特产税，但是，却保留了对烟叶征收的农业特产税；2005年12月又决定取消《农业税条例》，而农业特产税是依据《农业税条例》征收的，因而农业特产税也要同时取消。这样，针对烟叶征收农业特产税就失去了法律依据。接着，国务院制定了《烟叶税暂行条例》，征收烟叶税。烟叶税取代原有关烟叶的农业特产税。因此，可以看出，2006年取消农业税而开征烟叶税，一个重要的目的就是激励地方政府去引导和鼓励烟叶种植。从中央到地方各级政府对烟草业的态度不言而喻。在地方各税种中，烟叶税2006年以前为农业特产税的适用税率最高，为20%，收入稳定可靠。这对地方政府有着巨大的利益激励，鼓励着地方政府积极种植烟草，使大量稀缺的耕地资源用于种植烟叶这种危害人类健康的有害品，挤占了有利于人类健康生存的粮食作物和其他经济作物的可用耕地。

（2）当前财政分税制度中税收分成返还的体制，吸引和激励着地方政府对烟草业的高度关注和倾力扶持。按照分税制所确定的税收返还计算公式，地方政府财政能够从中央财政得到税收分成返还的多少取决于当年地方财政"两税"（增值税和消费税）的征收情况。对地方政府而言，"两税"收入及其增长率越高，地方能够从中央得到的税收返还就越多，财政状况就越好。由于卷烟消费税和烟草行业的增值税在"两税"中占了较大比例，因此，虽然烟草制品消费税的全额和烟草企业增值税的75%为中央收入，但它们实质上也是决定地方政府实际可支配财力的根本性力量。根据国家税务总局公布的数字显示，2006年，国内消费税完成1886亿元，其中，卷烟消费税完成1134亿元，卷烟消费税占国内消费税总额的60.13%。

（3）现行分税制中，将增值税作为共享税（地方占25%，中央占75%），而企业所得税则按照企业的地方行政隶属关系确定征收归属地的做法，也影响和激励着税收征收地地方政府对烟草企业的关注和支持现行分税制下，增值税作为共享税，25%归地方政府。由于目前中国烟草业发展势头很强劲，烟草业的增值税很高，2004年仅烟草制品业的增值税就达3114703万元，已经占到中国全国增值税总额的24.73%。虽然地方财政分享的比例不高，但绝对量却是很大的，影响着地方财力的大小。同时，烟草企业一般都为利润率很高的企业，因而生产加工卷烟制成品的企业的所得税也很多。因此，增值税的25%、地方烟草企业所得税这两项收入，也构成了地方财政收入的重要组成部分。由此看来，中央政府对烟草行业征收的所有税种，无论是以中央税还是以地方税的名义或者其他面目、形式出现，它们都或多或少与地方政府的地方财政收入息息相关、紧密相连。因此，烟草行业的发展对地方政府财政收入的大小实际上起着举足轻重的作用，这也成为地方政府扶持本地烟草业发展的最大利益驱动力。

（4）城市维护建设税、教育费附加的现行计税依据，也激励着地方政府对烟草业的关心和支持。在当前财政制度下，属于地方财政收入的城市维护建设税与教育费附加，其征税依据是增值税、消费税、营业税之和，而烟草业及其各类制成品高额的增值税和消费税收入，使得由此计算产生的城市维护建设税和教育费附加的收入与烟草业之间是水涨船高的关系。

（5）烟税征收环节决定着地方财政利益原本属于中央收入的卷烟消费税进入中央对地方的税收返还，与地方政府的利益紧紧捆绑在一起，还产生了其他弊病。由于现行卷烟消费税的征收环节是在生产环节，因此，消费税收入计入了卷烟生产地的税收返还公式，而与销售地的收入无关。这样，由此导致的问题就产生了：由于卷烟制成品在哪里生产加工就在哪里缴纳该卷烟消费税，地方政府自然不愿意外地生产的卷烟进入本地市场，这就促使地方政府打压外地企业的卷烟，造成市场割据。在这种制度下，地方政府会不遗余力地打击外地卷烟在本地的销售。然而，倘若把卷烟消费税改到销售环节征收，情况又将会怎样呢？这样，地方政府就会没必要花大力气去限制外地卷烟产品到本地来销售，地方政府反而还会大力欢迎外地卷烟企业到本地来售烟。这样一来，卷烟消费税收入多的地方将会从贵、湘、云等生产卷烟制成品大省向东部沿海卷烟制成品主销售区转移，作为必然的结果，东部沿海省份征得的卷烟消费税收入会大大增加，从而，东部沿海省份从中央得到的税收返还数也会大大增加。从而加剧东西部经济发展的差距，这不利于国家宏观公平目标的实现。

基于上述原因，烟草业的各种税收对地方财政起着举足轻重的作用，成为地方财政的主要来源，使地方政府有强烈的激励机制大力扶持烟草业的发展。有人形象地把烟草行业称为地方政府的“印钞机”，烟草也成为政府的“金叶”。在这种情况下，烟草业也就在地方政府的大力扶持下得以蓬勃发展，形成一个“互利”“双赢”的格局。笔者在搜集研究资料的过程中看到过许多地方政府扶持烟草企业的事例，有文章以“政府助力和谐烟草”为题，形象地把政府对烟草企业的关心和扶持比喻为“和谐之雨，润物无声”。

4.5 中国烟草征税的改革与完善

4.5.1 进一步转变思想、健全制度，真正科学定位中国烟草征税的目的

从全民健康的角度完善立法，真正确立中国烟草征税的目的是寓禁于征，而不是着眼于财政收入。因为这样，会加强鼓励而不是进一步抑制烟草业的发展，这与国内外控烟、禁烟的潮流背道而驰。众所周知，为了人类的健康，长期来说，禁烟是终极目标，最终使烟草的使用仅限于药用等对人类健康有益的方面。目前短期内是通过提高卷烟或烟草制品税税率，增强吸烟的成本，逐步实现进一步控制和减少烟草制品消费的目标。而烟草征税只是实现这些目标的必要手段，政府取得财政收入是这一目标之外产生的副产品。实际上，“尼古丁让个人上瘾，也让政府上瘾”，各级地方政府以及政府的一些部门，出于自身利益或者部门利益的考虑，希望烟草业蓬勃发展，以增加可支配财力，并且，因吸烟造成的健康危害不会在短期内体现出来，而烟草业兴旺发展所带来的经济利益则是在短期内就能够大见成效的。因此，需要健全民主的烟草征税等控烟决策制度，让烟草征税政策能最大限度保障整个人类健康、促进全社会福利最大化。

4.5.2 从控烟、禁烟的角度，充分实现烟草征税杠杆在资源配置上的帕累托效果

从经济学的观点来看，实现资源配置的帕累托效率的条件是边际成本等于边际效用（Ramsey，1957）。但是，由于烟草消费过程存在负外部性和信息不完全，导致烟草消费中的效率损失。为了纠正市场缺陷，需要对烟草征收矫正税，来矫正吸烟者的行为，使资源配置实现帕累托最优。具体来说就是：①根据负外部性的大小征收庇古税，增强消费者的吸烟成本，使吸烟者承担因吸烟产生的全

部成本；②根据因信息不完全造成的吸烟者低估吸烟给他们自己造成的成本，从而高估吸烟给他们带来的效用的程度征税，使吸烟者在购买香烟的时候就知道自己为吸烟付出的全部成本，让吸烟者在正确评价吸烟的个人成本和个人效用的情况下，做出控制吸烟量的决定。如图4.3所示。

在图4.3中，$MC_{个人当期}$为消费者购买香烟的成本（价格）；$MC_{外部}$为外部成本，这是由于吸烟的负外部性引起的；$MC_{个人未来}$为吸烟者未来支付的健康成本与早逝成本之和，这是由于信息不完全造成的；$MC_{社会}$为全社会负担的边际成本，$MC_{社会}=MC_{个人当期}+MC_{个人未来}+MC_{外部}$。如第一章所指出，在存在这两种市场缺陷的情况下，市场机制自发作用的结果将会使烟草的均衡量为$MU_{个人}=MC_{个人当期}$时所决定的消费量Q_1，而满足社会边际成本=个人边际效用的烟草消费量为$MU_{个人}=MC_{社会}$时所决定的消费量Q^*，$Q^*<Q_1$，效率损失的大小为ABE表示的面积。

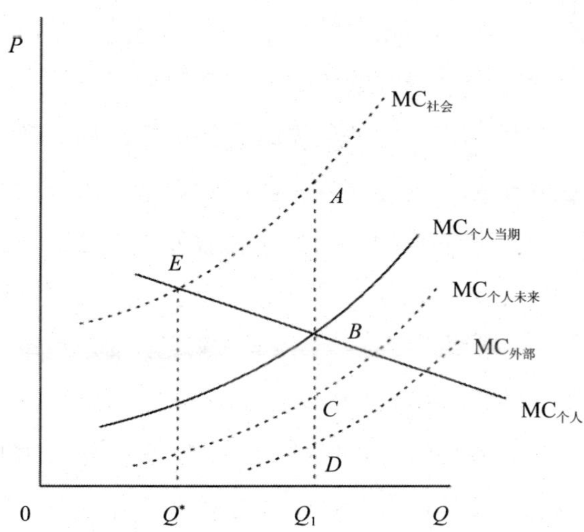

图4.3　按照社会边际成本=个人边际效用决定的消费税率

从理论上说，要通过烟草消费税的设置来消除由于负外部性和信息不完全所造成的效率损失（Wasserman等，1991），基本方法就是按照图4.3中$MC_{社会}$与$MC_{个人当期}$之间的差距AB（即外部边际成本+个人未来边际成本的大小）征税，$AB=CQ_1+DQ_1$，使个人的边际成本曲线上移至$MC_{社会}$，即按照CQ_1+DQ_1的大小征税，使烟草的均衡消费量降低到Q^*。

4.5.3 根据烟草需求价格弹性的特点，完善烟草征税

由烟草需求价格弹性可知，一般吸烟的参与价格弹性（人们做出是否要吸烟的决定对价格的反应程度）比较大，价格在影响人们作出是否开始吸烟的决策时，有着十分明显的作用。通过提高税率、增加吸烟者成本，会有效阻止年轻人进入吸烟者行列，也可以促使致瘾程度不深的吸烟者退出吸烟者行列。这样，随着时间的推移，当上瘾程度深、年纪比较大的吸烟者逐渐离世之后，社会上吸烟人数越来越少，最后实现全社会无烟。根据学者们的估算，在中国，吸烟参与的价格弹性值为-0.89。由此，可以相应设计、制定一套比较完善的烟草征税体系。

4.5.4 改革、完善涉及烟草税收的财政体制

在现行财政体制中，与烟草相关的税收在中央与地方政府之间的划分、税收返还方式的设定，以及卷烟消费税的征收环节，都使烟草成为地方政府青睐的商品。在这种体制下，与烟草相关的各项税收直接影响着地方政府的收入，或者直接构成地方政府的收入来源，这种利益机制激励着地方政府大力扶持烟草业。为此，必须调整现行财政体制中与烟草相关的利益分配方法，切断地方政府与烟草业的利益上的联系，避免从体制上对地方政府产生与控制烟草背道而驰的激励。

（1）烟叶税应该以“控烟”为目标，由中央政府确定税率及征收标准，取得的收入归中央政府使用烟叶税的征收成本并不高，分税制改革后，税务机构分设，各地都设有国税局，可以胜任烟叶税的征收管理工作。烟叶税的征管职责由地税机关移至国税机关，总体的征收成本不会增加。而且，现行的烟叶税由收购部门代扣代缴，对国税机构来说，并不会增加过重的征管压力。这样的利益划分归宿，能够在烟叶税这个环节切断烟叶种植给地方政府带来的利益，改变长期以来地方政府积极关注和鼓励烟叶种植的局面。

（2）调整税收返还的计算公式在现行分税制下，地方政府对中央政府税收返还还有很大的依赖。目前的税收返还计算公式中，当年地方“两税”（消费税和增值税）的增长情况决定着税收返还的大小，这激励着地方政府扶持本地烟草业的发展。为此，建设调整税收返还的计算公式，将卷烟消费税和烟草业的增值税从公式中剥离出来，使进入税收返还公式的“两税”中，不包括烟草业的增值税

和卷烟消费税，使地方从中央得到的税收返还大小与烟草业无关。

（3）重新划定烟草业增值税和所得税的归属建设将烟草业的增值税从共享收入中剥离，划归中央独享；将烟草业的所得税也一律作为中央政府的收入，不再与其他企业所得税一样采取按照行政隶属关系划分归属的办法，使涉及烟草企业的税收，都成为中央政府的收入。

（4）改变城市维护建设税、教育费附加的计税依据由于现在城市维护建设税和教育费附加，都是以消费税、增值税、营业税之和为计税依据，使卷烟消费税、烟草消费税、烟草企业增值税的大小直接影响到这两项地方收入的数量，也因此让地方政府从烟草业的发展中得到财政利益，增加其关注烟草业发展的热情。出于控烟的目的，建设将来自烟草业的税收（增值税、消费税）从城市维护建设税、教育费附加的计税依据中剥离出去，让烟草业的税收不再成为影响地方税大小的因素。

4.5.5 规范烟草税收的使用方向

（1）将烟叶税、烟草企业增值税、所得税这几个税种的税收收入专项用于对烟农和地方政府的转移支付。对地方政府，可以按照各地卷烟及烟草制品产量减少的程度，或者卷烟及烟草制品销售收入减少的程度，给予专项补助。专项补助的数额与卷烟及烟草制品减产的程度挂钩，减产越多，地方政府得到的专项补助越多；并且，专项补助的用途也予以指定，必须专款专用烟草企业的转产。这样，就扭转了现行财政体制对地方政府所产生的不利于抑制烟草业发展的激励，使地方政府对烟草产业的态度，由目前的积极关怀支持转变为限制其发展，形成中央政府和地方政府上下同心的局面，抑制烟草产业发展，维护公众健康，提高社会福利。对那些本来种植烟叶、新政策下改种其他粮食或者经济作物的农民，政府也应该利用这部分税收收入给予一定的补贴，作为转产的成本补偿。

（2）将卷烟及烟草制品消费税的使用方向用于矫正卷烟及烟草制品的消费行为，其使用方向应限于吸烟者未来治疗成本、早逝成本和吸烟者给社会带来的外部成本。因此，该征税收入是用来纠正吸烟者的效用和成本评价，弥补因吸烟行为造成的社会经济损失。为此，可以考虑把烟草征税收入用于医疗卫生、反烟宣传、戒烟补贴等方面的开支，进一步服务于控烟目标。

利益是个指挥棒，如果地方政府能够从烟草业中获得的利益越来越小，它们就会减少扶持烟草产业的兴趣，也自然而然地把注意力转移到别的行业。因此，把一切与烟草产业有关的税收收入都划归中央，使地方政府的财政收入与烟草业完全脱离关系，势必大大降低地方政府扶持烟草产业的热情，使地方政府把发展经济的着眼点从烟草产业这个危害人类健康的产业上移开，把政府的精力和社会的资源转移到有利于人类健康生存的行业。而与烟草产业相关的各个税种都属于中央税，政策制定权和收入支配权都属于中央，中央政府就可以根据控烟的目标和步骤来确定税率，不必顾及地方政府的反应。这就从财政体制的角度，减少了控烟过程中来自地方政府的阻力。此外，当与烟草产业相关的各种税收收入都真正与地方利益脱离了联系之后，关于现行卷烟消费税征收环节设计中产生的种种问题和难题，也都迎刃而解了。

中国特有现象的高档烟的礼品消费和特权消费，高税收政策对控制其消费量无效，必须采取另外的措施。其中，公款消费和行贿受贿属于腐败犯罪行为，应该以法律和法规予以打击和惩处；对亲朋好友之间以香烟作为礼品的送礼消费，则应该通过增强宣传力度，或者采取针对性强的宣传，比如通过“送香烟就是送疾病”“送香烟就是减寿命”之类的反烟宣传来减少这类消费行为。

5　中国烟草产业管制变迁中的利益博弈

博弈，英文为Games，又译对策游戏或竞赛，是若干个人在策略相互依存（Strategic Interdependence）情形下相互作用状态的抽象表达。也就是说，在博弈情景下，每个人的福利不仅取决于他自身的行为，而且也取决于其他人的行为。进而言之，个人所取得的优秀策略取决于其他人所采取的策略的预期。博弈论，英文为Game Theory或Theory of Games，又译对策论、游戏论、竞赛论，它是研究博弈情境下博弈参与者的理性行为选择的理论；或者说，它是关于竞争者如何利用环境和竞争对手的情况变化，采取最优策略和行为的理论。

纳什（Nash，1950）、泽尔腾（Selten，1965）和豪尔绍尼（Harsanyi，1968）三人在博弈论及其经济应用方面做出了突出贡献。开创了经济博弈论发展的一个崭新时代，因而共同获得1994年度的诺贝尔经济学奖。

把博弈的这些分类方法（张维迎，1996）综合起来，就可以得到四种博弈类型和相对应的四种不同的均衡概念（如表5.1所示）。由此，可以大致上反映20世纪50年代以来博弈论的主要进展和1994年三位诺贝尔经济学奖得主的主要贡献，同时也可以大致表明“纳什均衡”及其精华在博弈论发展中的重要地位和影响。

表5.1　博弈的分类及对应的均衡概念

行动类型信息	静　态	动　态
完全信息	完全信息静态博弈；纳什均衡（纳什，1950，1951）	完全信息静态博弈；子博弈精炼纳什均衡（泽尔腾，1965）
不完全信息	不完全信息静态博弈；贝叶斯纳什均衡（豪尔绍尼，1967，1968）	不完全信息动态博弈；精炼贝叶斯纳什均衡（泽尔腾，1975；Kreps 和 Wilson，1982；Fudenberg 和 Tirole，1991）

中国烟草产业在自己国情的基础上，尽管不同时期演变成不同的博弈机制，

但根据其产业自身特点，在种植、生产、加工和销售等诸多环节存在很多被关注的焦点利益，围绕着这些利益，又有许多利益关系者的博弈，这就有了烟草产业诸多环节的各种博弈关系，这些博弈关系中又包括了各种博弈主体，即各种博弈过程中的相关既得利益主体（王国成，黄韬，1996）；各种博弈的客体，即各种博弈过程中相关利益主体争夺的关注焦点；博弈过程中各种有关博弈力量的大小，即各博弈主体进行博弈时所依靠的力量多少。

5.1 中国烟草产业各环节博弈

5.1.1 烟草种植及烟叶收购环节的博弈

该环节有两对博弈，四个博弈主体，具体为：一对博弈为国家烟草专卖局与烟草种植区所属地方政府的博弈；另一对博弈为烟草种植区烟农（周利勤，陈金红，2006）与该地所属烟草专卖局的博弈。

国家烟草专卖局与烟草种植区所属地方政府（王军，张蕴萍，2006）的博弈，其客体是烟叶收购计划指标。烟草种植区烟叶收购计划指标是受到国家烟草行政主管部门严格控制的，其目的是为了有效控制各地烟草种植面积及产量，防止烟草种植过多造成烟叶价格太低伤害烟农或者产生不必要的相关浪费，以便保持整个烟草产业的烟草原材料供应平稳可持续运行。而烟草种植区地方政府非常希望能分配到更多的烟叶收购计划指标，其目的在于在保证烟叶收购价较为稳定的前提下，为本地征收尽可能多的烟叶税收。在该对博弈中，国家烟草行政主管部门依靠的博弈力量主要来自烟草专控计划指标分配的控制权，而烟草种植区地方政府依靠的博弈力量主要在于对本区域烟草专控工作的大力支持与配合。

烟草种植区烟草专卖局与该区烟农的博弈主要发生在烟草种植阶段和烟叶收购环节。在烟草种植环节，其博弈焦点在于农民是否愿意选择种植烟草以及选择种植烟草的面积。当前农村实行家庭联产承包责任制，烟农对是否种植烟草或者种植烟草的面积有完全选择自主权（蒋云凤，2009）。烟农博弈依靠的力量主要是自主决定是否种植烟草以及种植多少烟草，这会直接决定烟草种植区烟叶收购计划的完成，进而影响和制约整个烟草产业原料的可持续供应；烟草专卖局（公司）在博弈中依据的主要力量只是是否对烟农种植烟草进行补贴以及补贴多少。在烟叶收购环节，烟叶已经成熟，双方博弈的焦点主要在于对烟叶评定的级别或者价格、补贴，烟农在该博弈中努力争取的利益是其烟叶能否被当地烟草专卖局（公司）评定为更高级别或价格，以期获取尽可能多的经济收益；而烟草种植区烟草专卖局（公司）在博弈中为获取尽可能大的烟叶调拨差价，对烟农尽量压低烟叶的收购级别或降低价格、减少补贴。烟农进行博弈依靠的主要力量只有暂时不将或延迟将成熟烟叶出售给当地烟草专卖局（公司），以期选择最有利于自己经济利益的出售时机，甚至有时不惜出售给卷烟制假者，而后者对烟草产业的正常发展造成很大危害；烟草专卖局（公司）在博弈中依靠的主要力量在于单边垄断烟叶级别的评定权。

5.1.2 已收购烟叶调拨环节和卷烟制品调拨环节的博弈

已收购烟叶调拨环节和卷烟制品调拨环节共同构成烟草工业企业和烟草商业企业之间的博弈，该博弈主体为烟草工业企业和烟草商业企业，博弈的客体是已收购烟叶和卷烟制品的数量与等级。在博弈中烟草工业企业希望博弈对方即烟草商业企业按需要的级别和数量及时而稳定地向其供应已收购的烟叶，而烟草商业企业则希望对方烟草工业企业向其严格按级别和数量及时供应卷烟制品（胡德伟，毛正中，2008）。双方博弈依靠力量主要为：烟草工业企业掌握了各类卷烟制品最终货源的分配指标权，而烟草商业企业则有权支配已收购烟叶原料分配权指标和分销权指标。

5.1.3 卷烟制品生产环节的博弈

卷烟制品生产环节（曾薇，2006）的博弈主体一方为地方政府，另一方为国家烟草专卖局。双方博弈的关注焦点主要在于各类卷烟制品生产计划指标。具体地说，卷烟生产地所属地方政府要税收而希望尽可能多地调增给本地卷烟厂卷烟制品生产计划指标，而国家烟草专卖局的焦点是，为防止卷烟制品生产过剩，造成积压浪费，在宏观上严格控制卷烟制品生产计划，力求持续稳定协调发展。该环节博弈中的博弈双方依靠的力量与二者在烟叶收购环节相同。

5.1.4 卷烟制品批发环节的博弈

卷烟制品批发环节的博弈主体一方为市烟草专卖局（公司），另一方为卷烟制品零售经营户。在这个博弈过程中，博弈客体的中心焦点在于是否能保证卷烟制品货源，并且保证相应的质量等级。卷烟制品零售经营户希望尽可能获得更多的畅销卷烟制品货源，而这不一定能及时、充足地从烟草专卖局买到（刘炼、杨翔，2002）；烟草专卖局（公司）必须依照有关年度销售计划任务总体控制或强行调配各品格等级的卷烟制品，但这并不一定能满足卷烟零售经营户的进货需要。卷烟零售经营户在这个博弈过程中依靠的力量在于非法经营，违反《中华人民共和国烟草专卖法》，而从不法烟贩处购进卷烟制品或回收的礼品烟，以弥补烟草专卖局（公司）不能满足的供货需求，这样会扰乱当前中国烟草专卖制度下的卷烟制品市场批发销售秩序；烟草专卖局（公司）的博弈依靠力量主要在于从专卖特权的角度拥有并合理使用卷烟制品货源的分配权和卷烟零售许可证的颁发权。

5.1.5 卷烟制品零售环节的博弈

该环节的博弈主体之间关系同其他一般商品，如博弈主体为卷烟零售经营户与烟民等，在此不作详述。

5.2 中国烟草产业以往各时期博弈

5.2.1 新中国烟草管制体制试建时期博弈分析（1949—1978年）

这一时期中国烟草产业在产供销过程中的具体博弈如下。一是在烟草的种植生产和烟叶销售环节的博弈，先是省农业厅按有关规定向省供销社分配烟草种植计划；各基层供销社与烟农依法、依规签订烟叶收购合同，以合同的形式约定烟草种植面积和烟叶各品级收购价格等具体内容，然后在成熟烟叶收割后按照签订的合同进行收购；最后，供销系统将收购的合格烟叶严格按省内外计划指标进行合理调拨。二是在卷烟的生产和销售环节的博弈，先是由省轻工业厅将卷烟生产计划指标分解下达给各卷烟厂，各卷烟厂严格按分配计划指标组织卷烟生产；然后卷烟厂按照省商业厅分解下达的省内外调拨计划指标，将卷烟制品以全国统一的调拨价格销售给省内外的市供销社或副食品公司。

这一试建时期的新中国烟草产业中没有建立专门的烟草管理机构，属于多头管理，彼此之间只是计划经济背景下（杨兰品，2005）的工作合作关系，并不存在明显的利益博弈；另外，这一时期处于经济短缺时期，烟草的种植、收购、生产、销售等诸多环节呈现了这一时期浓厚的计划经济特色，各卷烟厂和供销社没有自己的经营自主权，只要完成上级下达的任务即可，各方没有很明显的博弈利益关系；此外，这一试建时期土地联产承包责任制还没有实行，农民没有如今的土地承包使用权，也就没有是否种植烟草的自主权，作为当时代农民话语权的基层集体组织与各基层供销社或土产公司也只在烟草种植和烟叶销售上有联系，只是烟叶收购价格的被动接受者，没有基本话语权。由此，这一时期内中国整个烟草产业各相关主体之间是计划经济下的工作衔接关系，没有存在很明显的博弈利益关系。

5.2.2 新中国烟草专卖管制体制建立时期博弈分析（1978—2004年）

烟草专卖制度的建立从根本上改变了原来全国各个部门多头并管的局面（李天飞，2004）。中国烟草专卖体制框架是国家一整套烟草专卖的机构体系，即国家烟草专卖局下设各省烟草专卖局（公司），各省烟草专卖局（公司）下设卷烟厂和市县烟草专卖局（公司）。国家烟草专卖局完全依靠省烟草专卖局（公司）对全国各省烟草产业的管理。中国整个烟草产业的经营主体是卷烟厂、县烟草专卖局（公司）、市烟草专卖局（公司）、省烟草专卖局（公司）。在烟叶的种植、生产和销售环节的博弈，是各县烟草专卖局（公司）根据分配来的烟叶收购计划指标，与本地农民预先签订烟叶收购合同；农民在自己承包的责任田上按照烟叶收购合同精心种植烟叶。待烟叶成熟后，由县烟草专卖局（公司）对农民出售的烟叶评分定级进行收购，评级定价权在烟草专卖局（公司）这一收购方，而烟农在这一过程中无话语权。然后县烟草专卖局（公司）将这些从本地烟农手中收购进来的烟叶严格按照烟叶调拨计划指标调拨给计划指定的省内外的卷烟厂。各卷烟厂则必须严格按照原来计划指标调拨进厂的烟叶组织卷烟制品生产，并将这些生产出的卷烟制品统一按卷烟调拨计划指标调拨给省内外各级烟草专卖局（公司），再由这些烟草专卖局（公司）将调拨进来的卷烟制品按计划批发给本地卷烟零售经营户，最终销售流通至卷烟消费者手中。

中国烟草专卖体制建立后，一方面，烟草产业内某些主体之间的工作合作关系没有发生明显的变化，如选择种植烟草的烟农和烟叶收购方的关系，即烟草专卖体制建立前的种植方是代表农民的各基层集体组织——各村及村民小组，现在是承包土地的各户农民；之前的烟叶收购方是基层的供销社，现在是基层的烟草专卖局（公司）或其所属烟站。另一方面，相关主体之间有了实质上的博弈利益关系。鉴于各省负责专卖本省卷烟的销售市场，有关的具体销售计划由各省负责，实际上只要在符合国家宏观卷烟批发总量计划指标的前提下，至于市场上具体销售哪个地方生产的何种品牌的卷烟制品及销售多少都由市场归属地的烟草专卖局专控。这种情况下，由于各省烟草专卖局（公司）从保护本省卷烟厂利益出发，自然会优先考虑销售本省卷烟厂生产的各类卷烟制品。在此种情况下，各省烟草专卖局（公司）就会一方面千方百计地确保本地卷烟厂产品在本地市场的优先销售，还要变相地阻止外地卷烟进入本地市场，以免挤压本地市场容量，同时又力图将本地生产的卷烟及其他制品销往外省卷烟市场，以积极扩大本省卷烟销售量进而扩大本地卷烟厂卷烟产量。同样的道理，外省烟草专卖局（公司）会以同样的手段、方法尽量满足同样的扩张冲动和利益追求。

鉴于博弈进程中理性人的原则，博弈双方主体自然会依据对方合作或不合作两种可能的选择来确定自己的最佳策略，并且博弈双方主体各自独立做出最适合于自己一方的策略选择。如果卷烟市场中有A和B两个省烟草专卖局（公司）就是否与对方合作进行博弈，它们在卷烟市场竞争中分别有合作和不合作两种策略。假使进行合作，则博弈双方主体下设的卷烟厂生产的卷烟及其制品就完全可以在对方卷烟市场上进行自由销售，双方均可获得较大的经济利益；相反，若博弈双方主体互不合作，则相互都会由于各自卷烟市场需求量受到限制而遭受一定经济损失。用表5.2中的矩阵表示两个省烟草专卖局（公司）各自采取有利于自己的不同策略组合下的收益。

表5.2　A、B两省烟草专卖局收益矩阵

A \ B	合作	不合作
合作	5,5	1,6
不合作	6,1	2,2

通过表5.2，A、B两省烟草专卖局（公司）收益矩阵可以知道，A省烟草专卖局（公司）选择“合作”时，B省烟草专卖局（公司）会选择“不合作”作为最优策略；即便当A省烟草专卖局（公司）选择“不合作”时，B省烟草专卖局（公司）亦依然会选择“不合作”作为最优策略。所以无论A省烟草专卖局（公司）是选择“合作”还是选择“不合作”，B省烟草专卖局（公司）都会选择“不合作”，因为只有这一策略是它的最优策略。同理，B省烟草专卖局（公司）也是这样。由此，尽管A、B两省烟草专卖局（公司）只有均采取合作策略时，

才会实现更大的销量，从而获得最大的利润，但由于此处假设双方博弈主体都是理性经济人，他们当然会考虑博弈对方采取的策略对自己博弈收益的影响，结果最后博弈双方主体均理性地选择不合作作为自己的占优策略。最后（不合作，不合作）自然是该收益矩阵博弈模型的唯一纳什均衡。尽管博弈双方都选择合作策略时，各自的经济收益要明显大于选择（不合作，不合作）策略时的经济收益，但A、B两省烟草专卖局（公司）仍然会相互拒绝合作，步入卷烟销售业务不合作的“囚徒困境”。如果所有的烟草专卖管理局（公司）都采取不合作策略时，各自下属卷烟厂生产的卷烟销量就会相对减少，其利润会大大下降。所以，这种相互明显排斥外地卷烟的策略，表面上看似保护了本地的卷烟市场，实际上对本地下属烟草企业卷烟产品质量的提高及其市场竞争力的增强是毫无意义的，结果是整体上不利于中国烟草产业的持续快速健康发展。

此外，中国在这一时期全面实施了财政性分权制改革（张德荣，2005），大大推动了各个地方政府发展本地经济的积极性。这种地方财政权力分成返还式划分制度，进一步加大了各个地方政府倾力支持创办大企业、增加尽可能多税收的动机。这也进一步诱导地方政府运用更多的行政手段直接干预本地企业的经济管理和运行，特别是在积极创办、扶持本地纳税大户企业的同时，严格封锁本地市场，阻止相关外地产品进入，以最大化本地政府的财政税收利益。各个地方政府尽可能从诸多方面限制甚至百般阻挠外地卷烟厂卷烟制品在本地的销售（如某些省级烟草专卖局／公司通过各种手段确保本省卷烟制品在生产地的销售不能低于某个固定比例等），这样较严重的地方保护主义现象，造成了烟草及其各类卷烟制品的全国市场分割，这对该时期中国烟草产业的发展是极为不利的。综上，中国各个地方政府在这一时期的烟草专卖制度下自然就成为了重要的地方博弈利益主体，各地方政府之间在此大背景下也就有了界限分明的博弈利益竞争关系。

以上较为系统地全面分析描述了在各种情况下A、B两地方政府的烟草竞争策略选择带给各自的经济收益，由此可知，最后A、B两地方政府形成的有关卷烟制品销售的博弈主体双方的最优选择均为“封锁”。

众所周知，中国烟草产业是一个高税收、高回报的产业，各地方政府从本地财政税收收入最大化的角度，均会在相关法律政策允许的框架范围内大力保护、扶持本地烟草企业快速发展（陈新田，2003）。例如，各地方政府或是用许多优惠政策扶持本地烟草企业的发展，或是通过诸多地方保护政策措施严格控制外地生产的卷烟制品进入本地市场销售，必要时甚或借烟草专卖执法之名变相进行地方保护和封锁。各个地方政府的这些地方卷烟保护主义措施，严重割裂和破坏了全国卷烟的销售市场，进一步阻碍了全国卷烟统一市场的健康发展，并且使一大批确实具有竞争力的卷烟产品及其生产厂家在市场竞争中难以拥有应有的销售市场份额和获得相应的卷烟销售经济效益，而导致某些卷烟市场竞争力差的产品和企业却能较好地规避卷烟市场的残酷竞争，得到各地方政府的有效保护和扶持，以至于严重影响和制约中国整个烟草产业的市场效率和经营业绩。

5.2.3 新中国烟草产业专卖管制体制改革完善时期博弈分析(2004—2010年)

中国烟草产业进行工商分开的改革之后，各省烟草专卖局（公司）下属的卷烟厂便完全独立出来，并且重组成为各个省级的卷烟工业企业，与省级烟草专卖局（公司）平级，负责烟草及其各类卷烟制品的加工生产。而国家各级烟草专卖局（公司）仍然承担烟草产业专卖管理执法的行政职能（章鸿，2005），同时又保留着烟草产业部分经营的企业职能，即还要全权负责监督、组织各地方烟叶的收购和调拨，以及卷烟的调拨和销售，因此，下面的博弈分析中将各省烟草专卖局（公司）统称为烟草商业企业。除此之外，该时期烟草产业的生产经营，依然还在国家烟草专卖局的相关计划指标控制下进行。例如，在烟叶的种植和销售环节，先是国家烟草专卖局向各烟草商业企业下达烟叶收购计划指标，之后各商业企业与本地烟农签订烟叶销售收购合同；烟叶成熟后，再由烟草商业企业按照等级定价的原则进行统一属地收购；接着，依照国家烟草专卖局下达的烟叶调拨计划向各工业企业调拨烟叶。在卷烟制品的加工、生产和销售环节，先是国家烟草专卖局向各卷烟生产工业企业下达卷烟生产计划指标和烟叶调拨计划指标，而这些计划指标是国家烟草专卖局收集于各烟草商业企业及其各级下属单位汇总的客户需求计划资料。各烟草生产工业企业根据下达的卷烟制品生产计划及其订货量调进相应品级烟叶进行生产，然后各烟草商业企业根据国家烟草专卖局的下达的计划指标将各种卷烟制品批发销售给各卷烟零售户，广大卷烟零售户将卷烟卖给烟民。这一时期，中国整个烟草产业产供销之间产生的各种博弈利益主体之间的业务关系更加明晰，各博弈主体的战略利益和目的也更加明确。

5.3 当前专卖管制制度下中国烟草产业的博弈

5.3.1 烟农和烟叶收购商业企业

在21世纪的烟草产业中，烟农作为烟叶种植生产的主体，肯定是整个烟草产业链的基础和前提。从最初的烟叶精心育苗发展到大面积田间移栽，从烟草的全过程田间管理到烟叶成熟后的艰辛收割，以致从琐碎地烘烤到严格地分级扎把，每一片收购入库的烟叶都浸满着烟农的辛劳。而且烟民种植烟叶，还投入了烟叶种植过程中所有环节所需的资金成本、风险成本及他们的廉价劳动力成本。如果没有这些烟农如此艰辛认真地种植好每一株烟叶，那么整个烟草产业链的根基就会不牢，发展就无从谈起，也不可能成为国家纳税大户。实际上，烟农在整个烟草产业链中所处的真实经济地位与其发挥的基础作用是明显不符的（周瑞增，2004），烟农在与烟草商业企业收购烟叶的利益博弈过程中始终处于被动的劣势地位。烟农的这种弱势地位根本上是由于目前实行的烟草专卖制度造成的，具体地说，虽然之前烟农与烟草商业企业签订了烟叶种植与收购等有关事项的合同，但鉴于开征的烟叶税可以纳入本地财政经济的收入，各地县、乡等基础政府便多方强力干涉，烟农只能被动地甚或是无条件接受种植合同的甚至是不利的条约。例如，烟叶收购价格（邵东山等，2005）、烟叶品级的评定等对博弈双方至关重要的核心利益事项只能由烟草商业企业等烟叶收购一方来决定，并且烟农销售的烟叶还要按烟草商业企业规定定点销售，即使外地收购的烟叶价钱再高也不允许销售，烟农其实是没有一点话语权的。

如果烟农因在烟叶收购博弈过程中失去话语权，从而导致其烟叶种植收益很少，烟农们肯定会渐渐失去种植烟叶的主动性和积极性，烟草产业的根基就会动摇，甚至很有可能发展为釜底抽薪式的最坏结局。烟叶种植生产是整个烟草产业链的第一环节，是整个烟草产业健康持续发展的基础。烟草商业企业绝不能凭借着烟草专卖体制下形成的各种专控特权，以最大限度地挤压烟农的基本利益来实现自身行业单位及个人利润的最大化，这种发展道路是很危险的。由此，中国烟草产业不但不能这样继续下去，而且还要尽可能地稳定烟农的根本利益，并且通过体制改革，创造条件，让他们能共享整个烟草产业全面发展过程中所产生的巨大经济成果，实实在在感受到种植烟叶的比较经济优势。如此，烟农就会迸发出巨大的种植烟叶的动力，从根本上巩固烟叶种植生产与供应的基础。

要想既有效地保证烟农的根本经济利益，又不可能立即改变当前整个烟草专卖体制和烟叶收购价格（王娜，2006），烟草商业企业就要加快建立对烟农各方面的（如经济补贴）激励机制，同时还要免费加强烟叶种植技术辅导和加大相关烟草种植的基础设施投资等。为了进一步说明这些问题，以下就烟草商业企业是否有必要对烟农采取经济补贴等各种激励措施，进行相应的博弈主体双方经济博弈分析。

这里，博弈双方的主体分别为烟草收购商业企业和烟农。其中烟草商业企业选择的策略为（激励，不激励）；烟农选择的策略为（种烟，不种烟）；双方都不约而同地选择以自己最为有利为先决条件。对整个烟草产业最为有利的博弈结果应该是，烟农选择“种烟”策略就可稳定烟草收购商业企业对烟叶的需求，有利于烟草的供应；而烟草收购商业企业选择“激励”则会调动烟农种烟的主动性、积极性和创造性，相应会大大减少烟农种烟的经济风险、经济成本，烟农的种烟经济收益会大大提高，从根本上有利于保证整个烟草产业的烟叶供应。

如果这里博弈主体双方的收益矩阵如表5.3和5.4所示，他们分别会有两个纳什均衡（激励，不种烟）和（激励，种烟）。通过分析这两个纳什均衡说明，假设烟草收购商业企业选择“激励”策略，而烟农不管是选择“种烟”还是选择“不种烟”，他们博弈主体双方的收益都是4，在如此情形下，博弈主体中烟农一方会形成懒惰或投机心理，烟农们愿意获得烟草收购商业企业的所有“激励”，但自己又尽量“不种烟”。为此，博弈主体中烟草商业企业一方就必须要切实改善对烟农的激励手段和加大激励的强度，确保烟农实实在在取得具有种烟比较优势的经济收益。

表5.3　烟商与烟农的收益矩阵

烟农 烟商	种烟	不种烟
不激励	1.5,1.5	1,1
激励	3,4	2,4

通过求纳什均衡解的办法得出表5.4经济收益矩阵下的纳什均衡解为（激励，种烟），即只有加大多种激励措施，使烟农感到种烟更有经济利益，才会最终形成唯一较为稳定的纳什均衡解（激励，种烟）。这也进一步可以看出只有通

过经济利益的相对公平分配，才可以较为有效地避免烟草收购商业企业对烟农经济利益的压榨。

表5.4 烟商与烟农的收益矩阵

烟农 烟商	种烟	不种烟
不激励	1.5,1.5	1,1
激励	2.5,4.5	2,4

如果烟农和烟草收购商业企业的经济收益矩阵如表5.5所示，鉴于参与博弈主体双方均不能稳定自己的选择策略，因此，最后的纳什均衡解是完全不稳定的。该不稳定表现为多个均衡解，且最后结果很可能是非均衡解。有些烟农可能感觉不到选择种烟的比较经济收益优势，同时还可能怀疑烟草收购商业企业的“激励”行为的真实意义，于是他们就很有可能选择“不种烟”；而烟草收购商业企业如果选择“激励”策略，此时烟草收购商业企业取得的经济利益有1，烟农有2。另外，假使烟草收购商业企业感觉烟农有可能选择“种烟”策略，则烟草收购商业企业会选择“激励”策略，假定认为烟农可能选择“种烟”策略，烟草收购商业企业选择的最优策略是“不激励”。如此，烟草收购商业企业已经具有的可靠而具体的“激励”烟农的方案，同时，烟农有明显表示让人相信会选择“种烟”策略，那么此时的结果最有可能就是博弈主体双方都满意的纳什均衡解(激励，种烟)。

表5.5 烟商与烟农的收益矩阵

烟农 烟商	种烟	不种烟
激励	3,4	1,2
不激励	2,1	1,1

烟草收购商业企业和烟农的利益博弈不仅体现在烟叶种植上，而且在烟叶收购方面也体现得非常明显。

首先，烟叶收购商业企业和烟农签订的合同契约大多属于附和契约，即该合同契约先由非常强势的经营者烟叶收购商业企业单方面拟订格式化的合同契约条款，而相对较为弱势的另一方——烟农又必须被动承认并接受该合同格式化条款，而且不得不签订的合同契约。其次，烟叶收购商业企业单方面买方垄断。买卖博弈主体双方的市场地位并不平等，烟草收购商业企业完全处于买方单方面垄断的优势地位，烟农很难统一行动与之谈判抗衡。烟草收购商业企业与烟农博弈双方需要考虑最终由哪一方负责该合同契约条款的订立，在这个附和式合同契约条款产生的进程中，博弈双方也在不断地进行博弈。如果该烟草市场信息是完全的，且双方进行的是静态博弈，那么，由于烟草收购商业企业在管理、资金、技术、规模等方面都是烟农无法比拟的，即使在完全一样的烟叶买卖交易环境下，烟草收购商业企业取得的经济收益也远多于烟农。所以，下面以智猪博弈（Boxed Pigs）模型为例求该纳什均衡解。该博弈主体订立双方分别为烟草收购商业企业和种烟农户。其中博弈双方主体规模的差距决定了双方经济收益的差距，很明显，该烟草收购商业企业在该合同契约下取得的经济收益远多于烟农，如果博弈主体双方签订该合同契约并严格执行，假定有10个单位的共同经济收益，以双方分别采取的策略行动决定最终经济收益分配，其中订立契约的经济成本为2个单位。当烟农主动负责订立合同契约经济成本时获得经济收益为1，而烟草收购商业企业则依靠其各种优势获得的经济收益为9；假使博弈主体双方均主动负责订立的经济成本时，烟草收购商业企业获得经济收益为7，烟农获得经济收益为3；如果烟草收购商业企业主动负责订立合同契约的经济成本时，烟草收购商业企业获得经济收益为6，农户获得经济收益为4；博弈主体双方不存在订立意向时经济成本为0。若将订立合同契约成本计算在内，博弈双方主体获得经济利益如表5.6所示。

表5.6　烟商企业与烟农的博弈过程

烟商 / 烟农	订立	等待
订立	5,1	4,4
等待	9,-1	0,0

在第一格中博弈主体双方都主动订立合同契约时，双方经济收益于是都减去2，结果为5，1。以后各种情形类推。烟草收购商业企业无论是否主动订立合同契约，烟农的选择策略为等待。假使烟草收购商业企业也选择了等待策略，那么烟农选择等待策略的经济收益则为0，选择策略主动订立的经济收益为-1；假使

烟草收购商业企业选择的策略为主动订立，则农户选择策略为等待的经济收益为4，选择主动订立策略的经济收益为1。烟农的最有效选择策略是等待，这样获得的最后结果就是烟草收购商业企业的最优选择为主动订立合同契约。由此，该博弈主体双方的最后纳什均衡解是烟草收购商业企业选择主动订立合同契约而同时烟农选择策略为等待。在现实的博弈中，该合同契约大都由烟草收购商业企业主动搜集相关信息后订立，其中该烟草收购商业企业肯定会制定利己的合同契约条款，最终形成附和式合同契约，以致使烟农处于相对被动的接受该合同契约的地位。尽管烟草收购商业企业和种烟烟农之间在博弈中最终签订了烟叶收购契约合同，但其中的一切收购事宜一般由烟草收购商业企业规定。烟草收购商业企业自然从自己的经济利益出发，在收购烟农烟叶的时候会对烟农出售的烟叶质量等级全面进行严格甚至苛刻的核定；当然烟农也会从自己利益的角度产生出售烟叶时质量诚信意识不够，烟叶销售时难免会有混部位、混级的现象。因此，在烟叶的收购或销售过程中，烟农与烟草收购商业企业之间时有发生这样争等级的利益冲突现象。

由此，稳定烟农的根本经济利益才是保证烟草产业健康可持续发展的重要基础，烟农种烟的比较经济效益好坏才是其选择种烟与否的关键所在。只有建立和完善种烟的扶持政策及相关激励措施，从根本上减轻烟农的经济负担，实时调整合理的烟叶收购价格，真正实现公平合理评质定级，才有可能提高烟农的比较种植经济收益。然而，WTO规定了对所有农业补贴的限制性条款规定，之后，靠上面给补贴不会长久。从完善体制上真正提高烟农的经济地位和博弈话语权，形成较为完整统一的一方博弈利益体，这种较为统一合规的烟农利益体才有真正的资格与中国整个烟草产业甚至是政府之间进行经济博弈，实现较为合理的收益，才有可能真正保证烟叶种植生产、供应的可持续发展。

5.3.2　烟叶收购商业企业和卷烟生产工业企业之间的博弈

烟草产业工商改革分家后，卷烟生产工业企业（省级中烟工业公司）成为与烟草收购商业企业［省烟草专卖局（公司）］平级的烟草单位和较为紧密的烟草业务合作伙伴。从形式上看，卷烟生产工业企业似乎不受烟叶收购商业企业的直接专管，但还是在业务很多方面受烟叶收购商业企业的制约（肖挺，2007）。对卷烟生产工业企业而言，主要表现为：一方面，烟叶收购商业企业实施烟叶收购的单方面买方垄断，是烟叶买方的唯一法定买方，它实际控制着卷烟工业企业的卷烟加工生产原料烟叶；另一方面，烟草收购商业企业还控制着卷烟工业企业的最终卷烟制品的销售分配渠道，由于卷烟加工工业企业本身是不能有卷烟产品销售渠道和网点的，其加工生产的卷烟及其制品都要按严格规定指标调拨给烟草商业企业。虽然说这种特殊关系也难免出现卷烟加工生产工业企业与烟草商业企业之间的博弈利益冲突，鉴于烟草商业企业和卷烟生产工业企业都直接受国家烟草专卖局的专控，彼此博弈利益的冲突也还并不激烈。各个卷烟加工生产工业企业与烟草商业企业工作的重点是必须尽可能地完成分配的计划指标。卷烟加工生产工业企业需要烟草商业企业提供其收购的烟叶原料充足和卷烟制品畅通的销售渠道，而烟草商业企业需要卷烟生产工业企业提供各种规格、品牌的卷烟及其制品，卷烟制品加工生产和销售同属于一个有机协调的整体。烟草商业企业和卷烟工业企业之间既是博弈利益关系，更是同一架马车两个轮子的关系，彼此都需要保证有很好的稳定性和协调性，必须像驾车一样努力达到相互配合，同步运行，密切相连，确保二者正常协调行驶。具体表现在：第一，卷烟市场的开拓开发、卷烟产品的营销和卷烟产品品牌培育等工作规定由烟草销售商业企业承担，它将卷烟消费市场对卷烟产品的真实需求以及相关情况及时反映给卷烟加工工业企业，使其实际把握卷烟消费市场信息等，以便更好地及时调整和全面开发卷烟新品种，不然，卷烟工业企业将不能完全适应卷烟消费市场的消费需求，有可能出现卷烟市场要么断档要么过剩的情况；第二，按规定，卷烟的加工生产只能由卷烟工业企业来进行，它将卷烟加工生产过程中卷烟的口味、结构、品质及下月计划产量，当前产量，库存等信息反馈给烟草商业企业。烟草商业企业中的经销人员在开发和推广卷烟市场时能及时客观地应对卷烟零售客户的问题，加强卷烟推广销售工作。

以一个较为简单的烟草工业与商业收益博弈矩阵来探讨烟草工商企业之间博弈过程中又必须存在的互相协调配合关系。该博弈双方主体是烟草商业企业和烟草工业企业，它们各自明确的目的就是追求自身经济利益最大化。假设博弈双方都有可能选择两种策略：不协同合作和协同合作，这里分别用a和b来表示。假设博弈双方都同时选择协同合作，那么双方是双赢的结果，取得很高的经济收益；假设其中一方选择策略是不协同合作，那么与双方双赢的最优结局相比较，肯定双方都会有一定的经济损失，而且其中选择策略是不合作一方的经济损失较大；假使博弈主体双方都选择不协同合作策略，这样博弈双方主体最终的博弈结果必是低效。这里博弈主体双方的经济收益博弈关系可用表5.7所示的烟草工业企业与商业企业收益矩阵来表示，能得出唯一的纳什均衡解（a，a），这个利益博弈结果对博弈主体双方都是最为有利的，彼此的协调配合产生了烟草工业与商业之间收益博弈中双赢的结果。

实际上的情形也正是如此，烟草生产工业企业进一步改革和重组，卷烟产品的产量在渐渐增多，被动受制约于烟草商业企业的情况正在逐渐改善，彼此博弈中也还存在着必须协同合作。

表5.7　烟草商业与工业收益矩阵

烟商 工业企业	a	b
a	6,5	5,3
b	4,4	3,2

但是以上烟草生产工业企业与烟草商业企业的配合协作只是双方有可能选择的策略意向，在实际博弈的过程中并非是完全这样地具体进行。当前中国烟草专卖制度下，上一年度末就已制定好下一年的卷烟产量和销量。无论怎样配合合作，博弈双方也最好是以上年度下达的很难改变的计划指标去应付复杂的卷烟市场变化。这里烟草商业企业根据卷烟生产工业企业提供的卷烟制品生产订单预测卷烟市场需求，假使该卷烟市场需求超出本月烟草生产工业企业的产量，一样会无法满足商业需求。另外，烟草生产工业企业依旧是当月按计划指标生产卷烟，假若当月提前用完分配的码段指标则必须及时停止生产。所以，烟草生产工业企业与烟草商业企业的完全协调在专卖制度的背景下，是不可能从根本上达到经济市场化的完美供需衔接。

5.3.3　国家烟草专卖局和烟草工商企业之间的博弈

中国整个烟草产业实行工商改革以后，国家烟草专卖局直接管理各烟草工业企业，各烟草工业企业在行政上与烟草商业企业平级，不再是其对应相关的下属单位。当前，中国国家烟草专卖局、烟草收购销售商业企业和烟草生产工业企业三者构成了中国专卖体制下卷烟及其各类制品生产和销售的核心。它们彼此之间的业务博弈关系十分密切。第一，烟草收购销售商业企业要进行全年度、半年度、季度甚至月度的市场需求预测，要准确预测出卷烟市场对不同品质、品牌等各类档次卷烟制品的市场需求量，然后还要根据相对应的卷烟生产工业企业的生产供给能力（或国家烟草专卖局核准的卷烟产品生产计划）初步确定每一时期卷烟分别调拨购进数量和结构。第二，国家烟草专卖局向各烟叶收购商业企业提前下达烟叶收购计划指标，而卷烟生产工业企业和烟叶收购商业企业之间按照各自分配到的计划指标进行烟叶和卷烟的调拨购进。烟草工业企业按照卷烟销售商业企业的卷烟购进计划指标，初步制定卷烟生产数量和结构，博弈主体双方可以在国家烟草专卖局下达的计划指标之内自由进行交易；其中卷烟的生产计划指标和烟叶的收购计划指标必须严格执行，不能缺量和超量加工生产，而卷烟销售计划指标的完成情况不纳入强制考核，卷烟利税增长情况要进行严格考核，实际上间接考核了卷烟销售计划的完成结果。

形式上看，国家烟草专卖局、烟草商业企业和烟草工业企业三者之间同属完整的有机整体，协调一致地保证了中国整个烟草产业链的健康运行和可持续发展。实质上来说，三者博弈过程中各自所追求的最大化利益的目标并不完全一样，原因如下。

第一，国家烟草专卖局和烟草工业企业博弈主体之间的经济利益冲突。烟草工业企业承担卷烟及其制品的生产加工，其所有卷烟生产计划必须经过国家局的批准（陶明，2005），该生产加工全过程要经过国家烟草专卖局的全程监督。从卷烟的生产加工到卷烟制品销售这一产业链全程来看，烟草生产工业企业是整个产业链的上游企业（供货方），其尽可能多生产高档卷烟，与烟草销售商业企业总要尽可能多销售高档烟的情况一样，以达到自身经济利益最大化。国家烟草专卖局全面负责统筹宏观上烟草工商企业的协调加工生产和畅通销售，尽量稳定卷烟生产加工和销售需求的持续平衡，保持科学合理的卷烟制品生产加工和销售比例，实现中国整个烟草产业链的健康发展。从科学发展观上来说，卷烟生产工业企业的卷烟制品产量及相关产品结构比例肯定会受到国家烟草专卖局总体宏观上的合理的控制，因此，国家烟草专卖局客观上必须较为科学准确地下达烟草生产工业企业的卷烟生产计划指标，并且必须要综合顾及烟草生产工业企业的最终盈利目标。

第二，国家烟草专卖局和烟草商业企业之间博弈过程中的利益冲突。国家烟草专卖局是通过省级烟草商业企业全面掌控和把握中国整个烟草产业的持续稳定发展（许焘，2008），还负责监管各烟草商业企业的市场规范行为，宏观上调控各级烟草商业企业对卷烟制品销售批发的产品结构或合理比例，就是低、高档卷烟制品的合理配售比例（高档烟的利润最大）。国家烟草专卖局和烟草商业企业之间博弈过程中的利益冲突的焦点就在这里。一方面，国家烟草专卖局为了全部烟草产业链的健康持续稳定发展，必须保证销售市场上卷烟制品具有科学合理的比例结构，如经销太多的高档卷烟，就很难满足销售市场对大量低档卷烟制品的需要，那么广泛的低档烟市场很容易遍布假烟，严重扰乱整个烟草产业销售市场的规范秩序。另一方面，烟草商业企业首要目的是必须保证国家烟草专卖局下达的利税指标，使本单位卷烟制品销售经济收益最多，这种背景下，烟草商业企业不可避免地出现了争取尽可能出售高档卷烟制品而尽可能不卖或少卖低档卷烟制品的情况。在博弈过程中双方利益的这种矛盾冲突必须需要国家烟草专卖局规定烟草商业企业的卷烟制品销售计划指标（含卷烟制品比例结构），保证既能与该烟草商业企业的利税计划相一致，在年度全面绩效评估中首先考核利税目标，又能合理分配销售卷烟制品的比例结构和综合考虑该卷烟制品销售市场的总体效果。总之，国家烟草专卖局对烟草商业企业调控的最科学合理的目标是必须首先在完成国家烟草专卖局下达的卷烟制品销售计划指标情况下，稳定卷烟产品市场全面、持续、协调、健康发展。

5.3.4 烟草商业企业与卷烟零售经营户之间的利益博弈

根据中国烟草专卖体制，当前卷烟零售经营户只有合法供应商——烟草商业企业。烟草商业企业完全单方面垄断卷烟制品批发销售价，限制规定品牌卷烟产品的合理配售比例和数量。而中国卷烟零售经营户处于弱势的位置（陈勇，2006），主要有两方面原因。一方面，卷烟经营户根据市场不能很自由地决定零售价格，其零售卷烟定价权受到一定的限制。在烟草商业企业的所谓建议下，卷烟经营户只能遵照零售指导价出售卷烟制品，由此该卷烟制品的零售价只能在很窄的幅度内选择。另一方面，卷烟经营户的卷烟产品比例结构受到严格限制。众所周知，广大卷烟消费者购买卷烟时会习惯于考虑卷烟的品牌，也会选择卷烟的档次与价格。卷烟消费市场上，卷烟零售经营户一般都愿意争取更充足的高档卷烟和热销卷烟。这是因为高档卷烟和热销卷烟的利润来得更多更快。由此，许多高档卷烟以及热销品牌的卷烟一直处于供不应求的状况。但是国家烟草专卖局始终坚持“稍紧平衡”的指导原则，保持低档烟与高档烟按一定合理的比例结构销售。

如此，不可避免地产生了极少数卷烟零售商在高额经济利益的驱使下，不顾烟草商业企业的严格监管，不惜违法（邹文斌，2009），千方百计地从本地烟草专卖局 / 公司以外的非法渠道买进大量卷烟，这些渠道包括一些卷烟零售商，甚至回收礼品烟或烟贩。这样，卷烟零售户非法进货严重侵害了烟草商业企业的专控经济利益。可是烟草商业企业执行过度或监管缺失都是不合适的，于是就有了烟草商业企业和卷烟零售经营户之间的监督与被监督的博弈关系，下面就对该监督博弈关系进行静态均衡博弈分析，从烟草商业企业监督行为及卷烟经营户被监督的营销行为，较为系统地探析当前烟草专卖体制下这两个博弈主体的有关经济成本和经济收益。

卷烟经营户和烟草商业企业分别为博弈双方主体，卷烟经营户的选择策略为违规经营和守法经营；烟草商业企业要么随机地，要么根据热销卷烟的批发经销情况决定是否进行检查，它的选择策略为不检查和检查。假定卷烟经营户不违法经营情况下烟草商业企业获得经济的收益为a，假定烟草商业企业的检查成本为c，卷烟零售商的违规被处理罚款为f，卷烟零售商正常的营业经济收入为e，卷烟零售商违规的额外经济收入为r，β是卷烟经营户违规行为导致烟草商业企业由此损失的系数，α是烟草商业企业实施对卷烟经营户检查后挽回经济损失的系数。卷烟经营户和烟草商业企业博弈双方的经济收益矩阵如表5.8所示。

表5.8　卷烟经营户与烟草商业企业博弈的收益矩阵

烟商 \ 经营户	守法经营	违规经营
不检查	α, e	$-\alpha\beta, e+r$
检查	$\alpha-c, e$	$f+\alpha\beta\alpha-c, e+r-f$

假设烟草商业企业选择检查的概率为θ，卷烟经营户选择违规的概率为γ，则烟草商业企业不检查和卷烟零售户选择守法的概率为$1-\theta$和$1-\gamma$。用$R_1(\theta, \gamma)$和$R_2(\theta, \gamma)$分别表示卷烟经营户和烟草商业企业的收益函数。

(1)给定θ，分析以下两种情形下卷烟经营户的收益函数：

①卷烟经营户选择违规的经济收益函数为：

$$R_1(\theta,1)=(e+r-f)\theta+(e+r)(1-\theta)=e+r-\theta f$$

②卷烟经营户选择守法经营的收益函数为：

$$R_1(\theta,0)=e\theta+e(1-\theta)=e$$

令 $R_1(\theta,0)=R_1(\theta,1)$,可得：

$$\theta = r/f$$

于是，假设烟草商业企业执行检查的概率小于 r/f，卷烟经营户的最佳策略选择是违规经营；反之，假设烟草商业企业执行检查的概率大于 r/f，卷烟经营户的最佳选择策略是守法经营。

(2)给定γ，分析以下两种情形下烟草商业企业的收益函数：

①烟草商业企业选择检查策略时的经济收益函数为：

$$R_2(1,\gamma)=(f+a\beta\alpha-c)\gamma+(a-c)(1-\gamma)$$

②烟草商业企业选择不检查时的收益函数为：

$$R_2(0,\gamma)=(-a\beta)\gamma+a(1-\gamma)$$

令 $R_2(1,\gamma)=R_2(0,\gamma)$,可得：

$$\gamma = c/(f+a\beta(a+1))$$

于是，假设卷烟经营户选择违规策略的概率小于 $c/(f+a\beta(a+1))$，烟草商业企业的最佳选择策略为不检查；反之，假设卷烟经营户选择违规策略的概率大于 $c/(f+a\beta(a+1))$，烟草商业企业的最佳选择策略是执行检查。

于是，该混合纳什均衡的最后结局为 r/f，$c/(f+\alpha\beta(\alpha+1)]$)。显然，这里博弈主体双方选择行为策略的概率与各博弈主体双方变量大小密切相关。烟草商业企业对卷烟零售商选择检查的概率与零售商选择违规取得的额外经济收益r成正比，与零售户因违规被处罚的罚款f呈反比。此外，因烟草商业企业对卷烟零售商检查挽回的经济损失越多（α越大），那么卷烟零售商违规经营卷烟制品给烟草商业企业带来的经济损失越多（β越大），烟草商业企业选择检查策略的主动性就越强，积极性也就越高，那么卷烟零售户违规被处罚的风险就越大，其进行违规的策略概率就越小。

中国目前的烟草专卖体制下，烟草商业企业与卷烟零售户之间的经济利益博弈冲突是不可避免的，卷烟零售户在博弈过程中的弱势地位不可能很快就改变或改善。但是，当前中国烟草商业企业正进一步加强和完善卷烟制品的全国卷烟销售渠道及网络，努力全面改善和提高对卷烟零售户的整体销售服务水平，如免费配送和电话订货等，所有这些在很大程度上减少了零售户的销售经济成本。当前的专卖体制下，卷烟经营户热销的各档次卷烟制品一直是供不应求的，这种大背景下，极少数卷烟经营户为了实现追求经济利益的巨大空间，就会铤而走险，不惜选择违规经营。

当前中国烟草整个产业链中的诸多博弈利益主体之间的博弈关系是复杂的。这些博弈关系的起因主要还是现行的烟草专卖体制和与之紧密相连的财税分配制度。因为现在的烟草专卖制度的计划分配模式根本不可能解决卷烟零售商与烟草商业企业之间博弈利益的矛盾冲突；还有，众多卷烟生产工业企业强烈要求扩大生产规模和增加卷烟产量，以便提供给烟草商业企业足够多的适销对路的卷烟产品和计划指标专控的高档卷烟制品，但这是受现在的烟草专卖制度下的国家烟草专卖局总控制的，是不可能实现的；同理，即便是卷烟生产工业企业申请增加更多卷烟生产计划指标，则国家烟草局唯有一种方式，那就是调减其他省的卷烟生产计划指标，而调减这些计划指标一定导致其他省的相关部门强烈反对，由此看来，烟草计划指标具有极强的刚性。由于博弈是彼此各方若干次对利益的争夺行为，博弈主体的双方或者多方之间不可避免地提高交易成本，而这些交易成本的高低实际就是制度成本的高低，同时也决定了制度效率的高低。所以，这些复杂多重的博弈利益关系进一步阻碍了现行烟草专卖体制的运行效率，从而加大了现行整个烟草产业链的运行成本。

6　管制背景下中国烟草产业的成本与收益

当前中国烟草产业的管制制度是特别的专卖体制制度，该制度实质上也是行业垄断制度，因此，目前中国烟草产业实行的就是国家行业垄断。中国烟草产业的这种特别的专卖体制制度既有一般专卖管制制度的运作基本成本和可观的经济收益，又有保证该体制正常运转的行业内特殊的集中计划管理体制成本和烟草财税上缴体制带来的经济收益。总之，中国特有的烟草专卖管制制度的运作肯定不是免费的，烟草行业的净收益必然与这种专卖管制制度的制度运转成本有关。

6.1　传统西方经济学成本–收益理论

杜威（1975）研究了福利经济学的成本–收益分析，它原是政府计划部门或公用事业主管部门，利用并根据“纯社会收入”，进行“项目评估”的一种方法。在这种分析方法中，全部收益和成本都以货币单位计算，于是得出，纯社会收益等于收益（即支付愿望，或愿意支付额）减去成本（即需要的补偿，或实际支付额）。这里支付愿望的总额则为价格与购买商品数量的乘积，消费者剩余总额则代表纯收益总额。如图6.1所示（萨松，谢弗，1978）。

图6.1表明，消费者愿意支付相当的货币额$ODSM$去购买MO产品量，而实际支付额则为$OPSM$。这样，DPS区域就测度并代表着消费者剩余。假若某一公用事业项目采用了一项节约成本的方法，使价格从OP下降到OP_1，供应的产品量由OM增加到OM_1。那么，总支付愿望或愿意支付总额就会由$ODSM$扩大到ODS_1M_1，其增量为MSS_1M_1。但MSS_1M_1中的MS_1S_1E代表着实际支付额。于是两者之差，即ESS_1区间，就代表着“消费者剩余”的增量。由此可以说，ESS_1就相当于对社会而言的纯社会收益（杜威，1975）。假设在完全竞争条件下，全部消费者剩余将由消费者所分享；而假设在完全垄断条件下（杜威，1975），则全部消费者剩余将由公用事业垄断者所独得。当然，我们可以设想，如果在社会主义制度下，那么公用事业主管部门将会把垄断所得的消费者剩余，全部或大部分上

缴给政府，再由政府以某种方式，重新分配给广大的消费者。就这个意义来说，这样的消费者剩余倒是真正的纯社会收入。

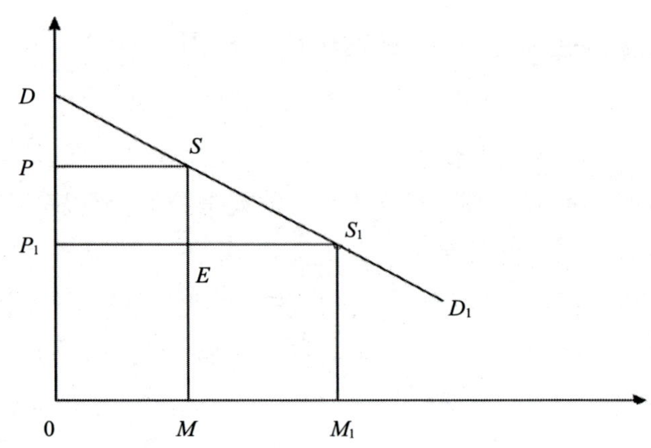

图6.1 社会成本与社会收益

就中国整个烟草产业专卖管制制度（杨兰品，2005）的正常运行来说，实质上是一定要实施对该产业的全面垄断，包括对烟草产业价格、产量以及品质品格、经营范围等诸多方面的垄断。这些方面的垄断还一定要借助相应的官僚组织来实现，可是这些官僚组织越庞大，国家实施垄断的制度成本（杨骞，2010）就越高，国家实行烟草专卖管制制度产生的净经济收益会因这种成本的抵消而减少。中国只有进一步全面提高和改善烟草专卖管制制度的运行效率，亦即大幅降低烟草专卖的制度成本（包括官僚组织成本和官僚代理成本），才能从根本上保证最大限度地获得整个国家范围内的烟草垄断经济利润。

6.2 专卖管制下中国烟草产业成本

烟草专卖运行体制情况下，整个中国烟草生产工业企业和烟草商业企业共同经营的总成本假定为C，用公式$C=C_1+C_2$表达。其中C_1是整个中国烟草生产工业企业和烟草商业企业共同的正常经营成本，就是假设没有当前运行的烟草专卖管制制度情况下，也会发生经营成本，如整个烟草商业企业的卷烟制品销售成本、销售配送成本，烟草工业企业的管理成本、生产成本等。C_2是由于实施烟草专卖管制制度而额外增加的制度成本，包括烟草专卖管制制度的专卖管理成本、无谓损失、寻租成本、X 低效率等。

6.2.1　中国烟草专卖管制制度下的专卖管理成本

（1）专卖管制管理成本。严格来说，中国烟草专卖管制制度下的管理成本（杨骞，刘华军，2009）实际上就是烟草专卖各官僚机构正常运行中必须产生的行政执法成本费用，大致包括专卖监管成本和对外协调成本两种。

专卖监管成本界定：中国烟草专卖管制制度下的专卖管理工作具体包括对严格卷烟批发的监管、全部卷烟制品流通的监管、整个卷烟生产的监管、统一卷烟宣传促销的监管、全行业烟叶生产的监管等，是烟草专卖体制运行情况下一定产生的制度成本，也是垄断禁止其他组织和个人进入烟草市场批发、生产领域等诸多烟草领域所产生的成本。

对外组织、沟通、协调成本界定：中国烟草专卖局的各级官僚机构对外组织、沟通、协调发生的成本（王军，张蕴萍，2006），是指各级烟草专卖局执法部门为了有效执行烟草专卖管制制度的职能必须与各级各地公、检、法部门执行专卖工作而协调沟通产生的经济支出费用。具体地说，鉴于各地烟草专卖的职能需要借助当地一些司法机构（如公检法等部门）的相应支持，才能进一步严厉打击卷烟走私、遏制非正常渠道购烟及杜绝假烟等，而当前中国司法部门的经费和资源是很有限的，所以，各级烟草专卖部门必须预算相应充足数额的相关沟通协调执法经费开支和一定的物质准备，这是当前的中国特色，希望不久的将来能解决好这一问题。

国家烟草专卖局曾专门发文“国烟财〔2008〕441 号”指出，打击假烟是指专门打击生产、加工、销售假冒伪劣卷烟制品及为此配合供应资金、烟草原辅材料、专用机械、制假生产技术、生产经营场所、运输仓储条件等违规违法甚至犯罪行为，为开展上述烟草专卖活动产生的由各级烟草专卖局（公司）报销列支的费用就是烟草打假经费。国家烟草专卖局（公司）在文件中详细规定了烟草有关打假经费的具体列支范围，包括对外组织、沟通、协调费用。

①与外单位沟通协同烟草专卖执法发生的经费：指相关配合执法部门协同打假需要支付的费用。

②奖励、补助、保险费：指在烟草执法过程中对有突出贡献人员的奖励费用

和在该过程中对因公牺牲、负伤、致残人员的政策补贴及对相关执法人员必须投入的人身意外、伤害保险费用。

③执法打假宣传费：指省级以上烟草单位因召开专项烟草专项执法打假座谈会、总结表彰会、协调会等开会经费及各级烟草单位在烟草打假执法过程中的相关宣传活动、新闻报道等经费。

④执法打假人员经费：指各级烟草单位在烟草打假执法或办案工作中必须支出的有关人员补助费、交通费、食宿费、通信费。

⑤打假举报奖励费：指各级烟草执法单位对有关群众举报提供的对烟草打假执法有利的情报信息必须奖励提供群众的费用。

⑥执法打假取证、检测、检验费：指各级烟草单位执法工作中支出的取证、检测、检验等费用。

⑦执法打假中发生的销毁费、运输费、场地费、搬运费、仓储费等：指执法打假工作中租赁取证设备的费用及购买器材、专用器具等经费。

⑧国家烟草有关法规中关于对执法打假过程中发生费用的其他规定。

各级烟草单位在烟草执法打假过程中的有关案件的侦结以后，必须提供所谓的“协办奖”给配合办案部门。大部分省级烟草专卖局（公司）就制订了具体的关于烟草执法打假过程中的补贴奖励方案。例如，某省烟草专卖局（公司）规定联合工商、质检、公安、法院、检察等执法部门进行的执法打假过程中为了侦办、打击销售、生产伪劣假冒雪茄烟、卷烟等，以及为销售、生产伪劣假冒雪茄烟、卷烟提供烟草原辅材料、生产经营场所、非法证件、资金、运输仓储条件、专用机械、制假生产技术等违规违法行为而开展的执法打假必须给予补助和奖励。这些补贴奖励具体适用范围有：当前烟草专卖局每办理一件执法打假案件，提供给执法打假公安警察个人差旅补贴，还要在一定时期、阶段或年度评选出烟草执法打假过程中的 “先进个人”，并统一直接发给先进个人奖励现金。在执法打假过程中为各烟草管理机构提供举报线索的线人，配合烟草执法打假的有关执法机构，如对走私卷烟制品的犯罪人员进行依法公诉的检察部门，对假冒制售卷烟制品犯罪人员进行审判的各级人民法院和在执法过程中工作表现、业绩突出的司法工作人员。为了进一步保持执法打假的紧张严肃氛围，各烟草专卖行政机构的上级在进行下级烟草执法打假的绩效评估中，还甚至规定每一执法打假案件的涉案犯罪人员是否判刑，这主要为了防止那些烟草违法犯罪嫌疑人以保外就医、取保候审、监视居住等较轻的法律惩罚方式逃避法律的本应的严格制裁。

（2）中国烟草专卖管制制度的专卖行政管理成本估算方法。当前中国烟草专卖管制制度实际上实行烟草商业企业与烟草专卖管理机构“两块牌子，一套人马”，经费合一家，政企未分，现行财会制度没有设“专卖行政管理成本”会计科目，而包含于“经营管理费用”科目之中，通过合理地调查，对专卖行政管理成本确定较为准确的估计比例，将之从“经营管理费用”中估算出去。通过与河南省、市、县烟草专卖局（公司）多个单位主要负责人、财务部门负责人深入沟通，他们一般都认为虽然烟草专卖管理费用没有单独列出，但可以依据专卖执法工作人员实际占比约1／3，加上培训费、执法成本费、协调经费、车辆占用费、服装经费等，烟草专卖管理成本占烟草经营管理费用的实际比例估计为30%~40%，取35%较为客观合理，由此，烟草专卖局专卖行政管理成本＝烟草专卖局经营管理费用×35%。

（3）中国烟草产业专卖管制管理成本的数量估算与分析。烟草专卖管制制度的专卖管制管理成本可用公式表示为：

专卖管制管理成本＝烟草专卖局经营管理费用×35%

表6.1为烟草专卖管制制度的经营费用和管理费。

表6.1　1995—2008年中国烟草专卖管理成本

年份	专卖管理成本/万元	估算比例/%	管理费用/万元	经营费用/万元
1999	424618	0.35	596855	616339
2000	663270	0.35	810106	1084951
2001	781482	0.35	906247	1326558
2002	801990	0.35	1003920	1287478
2003	394163	0.35	1110710	15468
2004	604904	0.35	1250542	477753
2005	815645	0.35	1390374	940038
2006	908640	0.35	1569468	1026646
2007	1000137	0.35	1772473	1085059
2008	1188424	0.35	2164949	1230547
2009	1475928	0.35	2714536	1502399
2010	1595462	0.35	3001634	1556828

续表

年份	专卖管理成本/万元	估算比例/%	管理费用/万元	经营费用/万元
2011	1754609	0.35	3526137	1487031
2012	2024009	0.35	4034046	1748836
合计	14433266	—	25851984	15385918

资料来源：根据烟草科技网资料整理。

由于1999—2012年中国烟草专卖管制制度的专卖市场监管成本逐年递增，所以期间烟草专卖管理成本整体呈快速上升趋势。尽管烟草专卖管制制度创造了高税利，但其保证垄断地位的专卖管理成本却是巨大的。因此，1999—2012年烟草专卖管理成本与烟草产业利润比例一直保持在10%以上，平均为19.67%，如表6.2所示。

表6.2　1995—2008年中国烟草专卖管理成本与中国烟草产业利润比例

年份	烟草产业利润/亿元	烟草专卖管理成本/亿元	专卖管理成本占利润比重/%
1999	246	43	17
2000	283	67	23
2001	289	79	27
2002	263	81	30
2003	257	40	15
2004	301	61	20
2005	312	83	26
2006	404	92	23
2007	501	101	20
2008	775	120	15
2009	968	149	15
2010	1056	161	15
2011	1529	176	12

续表

年份	烟草产业利润/亿元	烟草专卖管理成本/亿元	专卖管理成本占利润比重/%
2012	1483	203	14

资料来源：根据国家烟草专卖局财务审计信息网整理。

图6.2中国烟草专卖管理成本和烟草产业利润走势表明，表示烟草专卖管理成本的曲线走势非常平缓，而表示烟草产业利润的曲线走势相对比较陡峭。2001年中国烟草专卖管理成本与烟草产业利润的比例达到最高点，之后逐年降低，表明烟草专卖管制制度下的利润增长与专卖管理成本增长关联不强。依靠强化专卖对增加烟草业利润的作用是有限的。

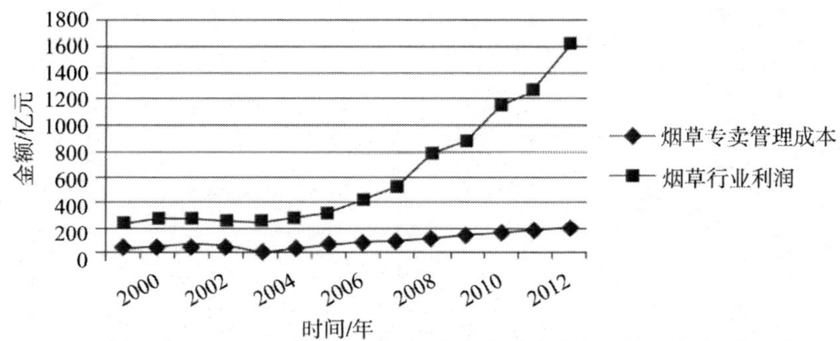

图6.2　1999—2012年中国烟草专卖管理成本和烟草产业利润走势

6.2.2　烟草专卖管制制度成本中的无谓损失

经济学中的定理指出，产业上的经济垄断一定有因此出现的垄断成本，资源配置效率（布坎南，1989）会相应降低，垄断价格会更高，垄断产量的多少视垄断利润而定，肯定会大大减少消费者剩余。此时消费者剩余的减少主要由于两个因素：一是垄断价格，二是垄断产量。例如，垄断者为了增加垄断利润或者垄断收入，就会提高垄断价格，由此相应减少广大消费者的消费剩余，这种情形只会引起收入再分配的结果，不会降低效率；但如果垄断者通过减少垄断产量所减少的消费者剩余却并没有转移到垄断者那里，谁也未得到，却是一种垄断条件下的净社会损失，这就是经济学上的无谓损失。

（1）当前中国实际上依靠烟草专卖管制制度垄断控制着卷烟的产量计划指

标，借着行业专控地位垄断着卷烟市场价格，因此，各个烟草生产工业企业的卷烟制品产量是由烟草专卖局全面严格按计划控制着。各类卷烟制品的批发销售价格也是由各级烟草专卖局（公司）控制并严格监督执行，烟草市场中其他经营利益主体无权决定价格。中国烟草行业中这种控制产量、专控价格的行为，必然会导致大量烟草社会福利净损失。如图6.3所示。

图中假设AB线为某一产品的需求曲线，假设AM为该产品边际收益曲线，又设该产品的边际成本MC为常数，则按P=MC的社会福利最大化定价原则，均衡价格为P_0，产量为Q_0，消费者剩余为AP_0C_0。若按垄断厂商MC=MR的利润最大化定价原则，则均衡价格为P_T，产量为Q_T，消费者剩余为AP_TE，比原消费者剩余减少了P_TECP_0，即垄断给消费者造成的福利损失。但垄断者从消费者转移过来的剩余为P_TEDP_0，$\triangle ECD$为真正的损失，它是消费者失去的而垄断者又没有得到的额外效率损失，因此又被称为无谓损失。烟草专卖管制制度对卷烟产量和价格双重管制，必然产生无谓损失。

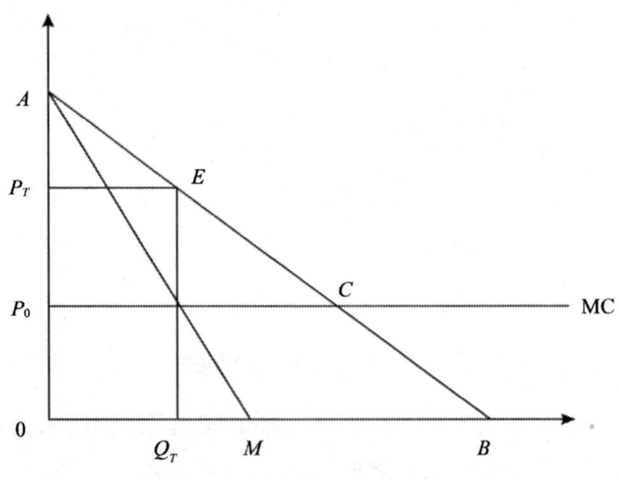

图6.3　社会福利净损失

（2）中国烟草专卖管制制度的无谓损失估算。这里采用哈伯格（1954）提出的计算方法，实际相当于垄断情况下发生的无谓损失的计算方法，公式为：$DWL = 1/2r^2gP_mQ_m$，其中r代表烟草产业的经济利润率，g代表卷烟产品的价格需求弹性，P_mQ_m代表烟草产业销售收入。

烟草是缺乏价格需求弹性的物品，吸烟者一旦成瘾，就会对烟草制品产生依赖性，表现为极强的持续性和抗改变性，加之缺乏替代品，烟瘾形成后没有其他东西可以完全替代吸烟的满足感，故卷烟价格弹性系数介于0～1。根据胡德伟、毛正中（2008）和刘虹（2009）的测算，中国的烟草需求价格弹性分别为-0.513、-0.54，故在计算中ε取其中值-0.53。$P_{m1}Q_{m1}$、$P_{m2}Q_{m2}$分别为烟草工业销售收入和烟草商业收入，r_1，r_2分别为烟草工业企业成本费用利润率，将ε，r_1，$P_{m1}Q_{m1}$，r_2，$P_{m2}Q_{m2}$分别代入哈伯公式得出烟草工商企业各自的无谓损失，其汇总即烟草专卖管制制度下社会福利净损失。

表6.3　1952—2008年部分年份烟草专卖管制制度的无谓损失估算值　　万元

年份	ε	r_1	$P_{m1}Q_{m1}$ / 万元	r_2	$P_{m2}Q_{m2}$ / 万元	DWL_1 / 万元	DWL_2 / 万元	DWL / 万元
1952	0.53	0.19	90000			879		879
1957	0.53	0.24	114000			1726		1726
1962	0.53	0.09	56000			107		107
1965	0.53	0.21	83000			961		961
1975	0.53	0.14	495000			2608		2608
1979	0.53	0.16	684763			4704		4704
1980	0.53	0.16	775006			5258		5258
1981	0.53	0.15	990586			5906		5906
1982	0.53	0.14	1122331			6167		6167
1983	0.53	0.14	1188274			6530		6530
1984	0.53	0.15	1348411			7933		7933
1985	0.53	0.13	1682443			7768		7768
1986	0.53	0.11	10710			32		32
1987	0.53	0.11	16634			50		50
1988	0.53	0.10	27835			80	80	
1989	0.53	0.07	30565			42	42	
1994	0.53	0.27	7928689	0.1	18012992	153170	47734	200905
1995	0.53	0.27	8902839	0.11	23272008	171989	74622	246611
1996	0.53	0.22	10305085	0.11	29770612	132173	95459	227632
1997	0.53	0.21	11402977	0.09	34256298	133261	73531	206792
1998	0.53	0.17	11549178	0.08	37349364	88449	63345	151794
1999	0.53	0.17	11649817	0.08	38716983	89220	65664	154884
2000	0.53	0.18	13411176	0.09	33191191	115148	71245	186393

续表

年份	ε	r_1	$P_{m1}Q_{m1}$ /万元	r_2	$P_{m2}Q_{m2}$ /万元	DWL_1 /万元	DWL_2 /万元	DWL /万元
2001	0.53	0.19	16141657	0.1	34267378	154419	90809	245228
2002	0.53	0.21	18487042	0.11	35786429	216049	114749	330798
2003	0.53	0.25	21514342	0.12	3933357	356331	150097	506428
2004	0.53	0.3	26836111	0.15	44577904	640041	265796	905837
2005	0.53	0.3	29494727	0.18	45388224	703449	389703	1093153
2006	0.53	0.32	31438559	0.28	42608328	853117	885231	1738347
2007	0.53	0.39	38730557	0.23	53689496	1561093	752646	2313739
2008	0.53	0.42	44530018	0.24	60944539	2081660	903257	3011858

如表6.3所示，1994—1999年，烟草产业的无谓损失从1994年的4.18%一直持续下降至1999年的1.75%，之后再逐年攀升，至2008年占GDP比重达到9.94%。关于社会福利净损失，杨骞（2010）认为是烟草行政垄断下的限产导致生产过剩，从而产生社会净福利损失。笔者认为该观点不对。从图6.4来看，如果说卷烟限产造成社会福利净损失，那么如何解释2000年以后卷烟产量逐年攀升，却产生了更大程度的社会福利净损失。

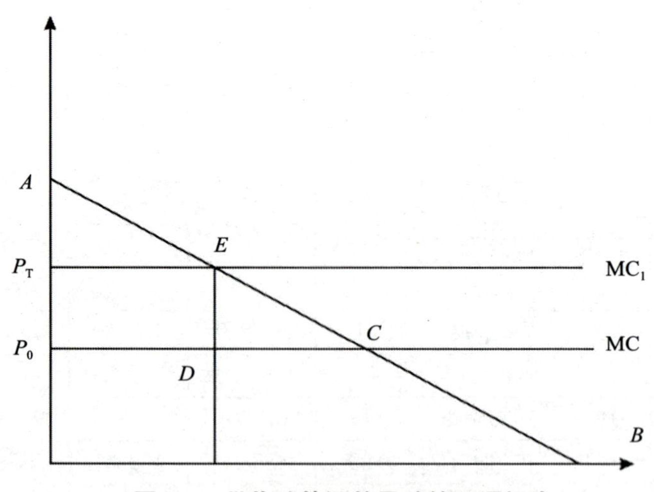

图6.4　税收政策调整导致的无谓损失

笔者认为，中国卷烟消费税的改革，是导致无谓损失的主要原因之一。如图6.4税收政策调整导致的无谓损失所示（图洛克,1967），假设该产品的边际成本为常数，税前的边际成本为MC，AB为某一产品的补偿需求曲线，则税前均衡价格为P_0，产量为Q_0，税前消费者剩余为AP_0C。若政府对该产品征收从量税T，则边际成本曲线MC向上平移至MC_1，此时的产量为Q_T，消费者剩余为AP_TE，均衡价格为P_T。将税前消费者剩余与税后消费者剩余相比，税收使消费者剩余减少了P_TECP_0，即税收给消费者造成的福利损失。但政府收到的税收收入仅为P_T-EDP_0，图中三角形ECD即为税收调整产生的额外剩余。它是消费者减少而政府不可能获取的无谓损失部分，也就是说因为税收调整改变了相对价格，消费者为了尽可能少纳税而改变了原来的有效选择，从而导致的资源低效率配置所致。

1998年7月1日，中国卷烟消费税进一步调整和完善（廉春慧，2006)，卷烟消费税税率改为三档：一类烟50%；二、三类烟40%；四、五类烟25%。消费税由单一税率改为差别税率后，各高档卷烟生产企业因为税负的增加利润骤降，一些所谓的名牌卷烟大企业原有的优势地位被大大削弱。小烟厂的关停并转也变得更困难，给烟草产业的组织结构调整带来了不利影响。但同时由于卷烟消费税差别消费税的实行，低档卷烟产销大幅度增加，广大中小烟厂的生产由于减税而复苏。

2001年6月，我国依然继续对卷烟消费税进行深入调整和改革。这次卷烟消费税新税制改革总体上全国烟草产业消费税总体税负由原来的40.5%上升到47.3%，提高了6.8个百分点；将低档卷烟的税率由25%提高到30%，并对每箱加征150元的从量税；将高档卷烟税率由50%降为45%。具体税改为：实行从量与从价相结合的复合计税方法，即按量每5万支卷烟计征150元的定额税；从价计征从过去的三档调整为二档，即每条调拨价为50元以上的税率为45%，50元以下的税率为30%。2001年税改后，使得广大卷烟生产企业进一步争取高档卷烟生产指标，减产低档烟生产，从而增加了卷烟消费市场高档卷烟而减少了低档烟。

综上，中国卷烟税收政策的一系列调整导致中国烟草产业的税负整体水平提高，又进一步促进了卷烟总体价格水平，反而增加了更多的烟草产业的无谓损失，使1999—2008年无谓损失占GDP比重不断上升，如表6.4所示。

尽管一开始烟草税收政策不断调整目的是为了重整国家与烟草企业之间利益分配，为国家创造越来越大的经济收益。但适得其反，结果是这种烟税改革却产生意想不到的更大的社会福利净损失。

表6.4 1994—2008年无谓损失及其占CDP比重

年份	DWL/亿元	GDP/亿元	占比/‱
1994	20	48109	4.18
1995	25	59811	4.12
1996	23	70143	3.25
1997	21	78061	2.65
1998	15	83024	1.83
1999	15	88479	1.75
2000	19	98001	1.9
2001	25	108068	2.27
2002	33	119096	2.78
2003	51	135174	3.75
2004	91	159587	5.68
2005	109	184089	5.94
2006	174	213132	8.16
2007	231	259259	8.92
2008	301	302853	9.94

资料来源：GDP数据取自中经网数据库。

表6.5 1990—2009年中国卷烟产量

年份	1990	1991	1992	1993	1994
产量/万箱	3299	3227	3286	3377	3433
年份	1995	1996	1997	1998	1999
产量/万箱	3485.02	3401.92	3377.42	3374	3340
年份	2000	2001	2002	2003	2004
产量/万箱	3397	3402.1	3467.08	3580.86	3747.27
年份	2005	2006	2007	2008	2009
产量/万箱	3878.82	4044.636	4287.77	4439.76	4580.30

资料来源：《中国统计年鉴2009》。

6.2.3 中国烟草专卖管制制度中的寻租成本

（1）寻租理论。传统经济学中的寻租理论（克鲁格尔，1974）指出，市场中企业为了建立由政府授予的市场垄断地位，或让议会协助建立市场垄断地位，该企业必然要运用大量的人力、物力、财力，向各有关政府部门进行形式多样、内容不一的所谓公关行为或向议会的相关议员开展必要的院外活动。为此，该企业需要聘请具有社会影响力的律师或所谓的社会精英为自己获取市场垄断地位进行所谓的寻租活动，以期获取经济租金。但是，该企业为这种寻租活动花费的大量资源不会产生什么产量，实际是一种社会浪费行为。

（2）中国烟草专卖管制制度中的寻租成本。中国烟草专卖体制实施极为严格的集中计划管理体制（张德荣，2005），从国家、省（自治区）、市、县各级烟草专卖局实行逐级计划专控。但是，各级地方政府为了取得最大化的烟叶税必然向各级烟草专卖局争取尽可能多的烟叶种植计划指标。当下一年烟叶收购计划指标征求意见文件下发到各级地方政府部门后，各级地方政府必然想方设法影响各级烟草计划主管部门，以期达到争取该地区尽可能多的烟叶收购计划指标。各级烟草专卖局将这些地方政府要求增加烟叶种植面积的计划指标的意见汇总收集并充分考虑、平衡后向国家烟草专卖局请示各级地方政府向上级烟草专卖局的公关游说活动就是当前烟草专卖管制制度下形成的计划管理体制产生的寻租成本。类似的还有卷烟制品调拨计划指标、卷烟生产计划指标、省外烟与省内烟的比例计划指标等都是各级各地政府与相应的各级各地烟草专卖局之间多重复杂博弈协调的产物，这些博弈一定会导致大量的无谓的寻租成本。

（3）中国烟草专卖管制制度的寻租成本估算方法。本书采用食品制造业的管理费用与主营业务成本之比作为合理的费用成本比，把烟草产业的管理费用与主营业务成本之比高出食品制造业的这种较为合理的费用成本比的部分大致作为烟草专卖管制制度的寻租成本。这里选择食品制造业作为参照物，是由于二者均属于轻工业，彼此的生产加工工艺和成本比例结构较为相似；另外，食品制造业属于政府非专控产业，市场竞争激烈，故该产业的寻租成本极低，且寻租成本一般包含在企业的管理费用中。由此，选择食品制造业的管理费用与主营业务成本之比作为合理的费用成本比是相对最为客观合理的。

（4）中国烟草专卖管制制度寻租成本的数量估算与分析。根据以往的理论分析，这里的寻租成本一般是指烟草专卖管制制度下为各相关博弈利益主体之间竞争计划指标资源、目标客户订单或共同维持烟草专卖管制制度，烟草企业内部之间或烟草企业与其主管部门所发生的沟通协调成本。经测算，得出食品制造业与烟草业（工商合计数）“管理费用／主营业务成本”，如表6.6所示。

表6.6 1994—2008年中国烟草专卖管制制度寻租成本估算

指标 年份	烟草业管理费用/ 烟草主营业务成本	食品制造业管理 费用/主营业务成本	差率	管理 费用/万元	烟草业寻租 成本/万元
1994	0.051	0.083	−0.032	930772	−29937
1995	0.045	0.083	−0.038	1048308	−39346
1996	0.044	0.083	−0.039	1273547	−49051
1997	0.043	0.083	−0.040	1425391	−56757
1998	0.043	0.083	−0.039	1562993	−61346
1999	0.046	0.083	−0.037	1736662	−61664
2000	0.050	0.083	−0.032	2103353	−68203
2001	0.067	0.078	−0.011	2385319	−22928
2002	0.076	0.072	0.004	2824482	11143
2003	0.080	0.069	0.011	330454	39268
2004	0.085	0.060	0.025	015877	103582
2005	0.095	0.057	0.038	4771170	183936
2006	0.122	0.051	0.071	5309440	378564
2007	0.125	0.045	0.080	6316152	502815
2008	0.135	0.044	0.091	7658508	696925

资料来源：①1994—1999年食品制造业管理费用/主营业务成本合理费用成本比取自2000年数据。②烟草业数据为工商合计数，取自《中国经济统计快报2000—2008》。

由表6.6可知，1994—2001年中国烟草专卖管制制度的寻租成本一直是负值，体现为烟草产业的效率节约，也是市场竞争性行业的机会成本，这种节约还表现为扩大的趋势，由1995年近4亿元扩大到2000年近7亿元。烟草产业寻租成本比以食品制造业为参照物的市场竞争性行业低，具体原因是此间为中国烟草实行烟草工业企业与烟草商业企业分开改革之前。2000年以来，中国烟草产业的寻租成本转为正数，特别是2001—2002年厂商分家之间的酝酿试点运行时期，烟草专卖管制制度寻租成本由负转正，且从2003年开始总额不断攀升，表明烟草专卖管制制度下工商分设的改革增加了烟草业的寻租成本。

2002年实行烟草工业企业与烟草商业企业改革分家以来，烟草产业的寻租成本逐年增加，2002年烟草产业的寻租成本约1亿元，2008年增加到约7亿元，年均增幅为12.12%。1994—2008年历年烟草专卖管制制度的寻租成本见图6.5。

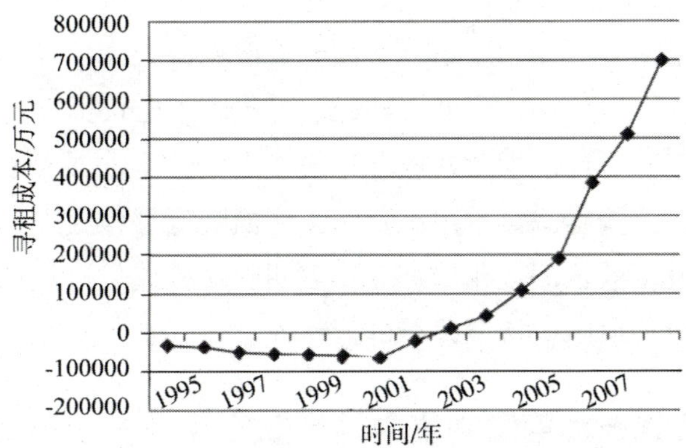

图6.5　1994—2008年中国烟草专卖管制制度的寻租成本

1995—2008年烟草专卖管制制度的寻租成本增幅如图6.6所示，1995—2001年烟草专卖管制制度寻租成本一直为负值，表明在此期间烟草产业的效率节约是始终存在的；每年增幅为正值，表明效率节约程度是下降的；效率节约绝对值逐年缩小，表明效率节约情况一直处于下降趋势。

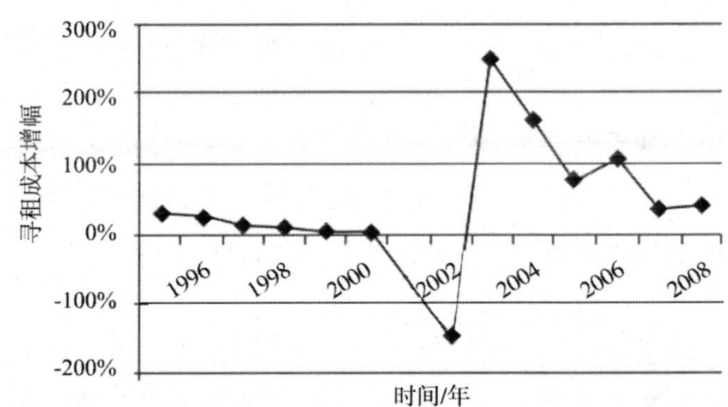

图6.6　1995—2008年中国烟草专卖管制制度的寻租成本增幅

2002—2003年烟草产业寻租成本的增幅表现为直线攀升。这是由于2002—2003年中国烟草产业正值工商分设初期，各省级新设中烟工业公司，此时的烟草产业寻租成本主要是烟草行业内人、财、物等隶属关系的调整以及各新设公司卷烟计划指标的重新分配与整合等，这些改革执行工作量多，难度更大，因此，成本表现为直线快速增长。随着烟草工商分设的顺利完成，改革工作告一段落，

2003年以后寻租成本大幅下降，表明烟草寻租成本的快速高峰很快过去，2007—2008年寻租成本增幅逐渐放缓，却一直为正，表明寻租成本依然存在。这些情况说明烟草专卖管制制度下的工商分设改革已经到位并在良性运行；说明这项改革是成功的，也在一定程度上降低了寻租成本增长幅度。

综上所述，工商分设使烟草产业寻租成本由负转正，加大了交易成本和行业内耗，降低了效率。按客户订单组织货源工作能降低寻租成本，但无法从本质上消除。但其绝对发生数依旧逐年增加。这表明，这种趋势可从烟草专卖管制制度工商分设和按客户订单组织货源改革进行印证。

6.2.4 中国烟草专卖管制制度中的X低效率

（1）X低效率理论。美国行为经济学家Leibenstein（1966）指出，大多数厂商之所以不能使单位产出的成本最小化，不仅是因为他们所需要的某些投入要素在市场上买不到，还因为生产函数（投入产出的技术关系）并非已知或不能得到完善的说明。通常，X效率或费配置低效率（实质上是一种组织或动机低效率）的存在（弗朗茨，1993），是由于惰性（即“留有余地、伺机行动”的一种保守思想）和市场中信息不完善而造成的。X低效率理论实质上是一种组织或者动机的低效率理论。X是指产生非配置（低）效率的所有因素。X（低）效率理论注重人在整个厂商生产管理中的努力程度。而在垄断的情形下，厂商完全可以居于垄断的优势地位，缺乏必要的竞争市场的压力，这种经济学理论中的X（低）效率是客观上一定存在的。当然厂商管理人员缺乏努力动机，导致努力熵大增，产生X低效率，从而生产成本进一步提高。

（2）中国烟草专卖管制制度中的X低效率。当前中国烟草专卖管制制度是高度集中的计划经济制度，也是国家对烟草完全行业垄断制度，这种国家对烟草产业的专控肯定产生X低效率。一般来讲，X低效率是指受专控厂商的低效率和这种专控制度运行的低效率。例如，假定烟草厂商的其他各生产要素在一定时期内投入量不变，随着诸要素的投入不断发生变化导致一些产品的产量按比例增加却没有导致其他别的产品的产出递减，从而可以断定该烟草厂商一定存在某些X低效率。因此，一方面，整个烟草专卖管制制度下的各级烟草专卖局（公司）作为专控者，存在专控行为的X低效率；另一方面，整个烟草工业企业与烟草商业企业作为受专控者，一定也会客观产生受专控企业的X低效率，两方面肯定共同形成整个烟草产业的X低效率。

（3）中国烟草专卖管制制度的X低效率估算方法。根据杨骞（2010）的研究，烟草产业的生产效率损失不仅体现在技术或规模报酬方面，更体现在地方保护和地方分割方面，故将测算宏观技术效率的方法应用于对烟草产业X低效率的估算中。按照综合技术效率（group technical efficiency，GTE）的分析架构，将中国烟草产业整体“组合”为一个代表产业总体技术效率水平的“虚拟区域”，全国宏观的“产业组合技术效率”与此“虚拟”的区域产业技术效率相同。产业的“整体技术效率”可以分解为三部分，即“省内技术效率汇总指标”（ATE）“产出结构效率汇总指标”（AAE）和“省际要素配置效率指标”（RE）。其中ATE可视为烟草产业中管理、技术等方面的效率反映；AAE可视为烟草制品流通环节的行政手段配置资源的效率反映；RE可视为地方保护和地方分割对烟草产业的效率反映。因此，GTE可视为烟草专卖管制制度下的完全国家垄断综合X低效率的反映。在实际测算中，数据取自1982—2008年的《中国烟草年鉴》，其中产出指标采用地方卷烟产量指标，投入指标采用全部从业平均人数和平均资产总额指标，技术效率计算程序采用Tim Coelli（1996）的DEAP Version2.1。各指标的测算方法为：省内技术效率汇总指标为各地方纯技术效率加权平均值，权数为各区域生产前沿比重；产出结构效率汇总指标为各地方规模技术效率的加权平均值，权数为各区域生产前沿比重；省际要素配置效率指标为行业综合技术指标减去省内技术效率汇总指标和产出结构效率总指标之剩余。

（4）中国烟草专卖管制制度X低效率的数量估算与分析。表6.7中各符号的含义如下：b_0表示烟草产业产值，b_1表示烟草产业总的效率损失，b_2表示烟草产业管理技术造成的效率损失，b_3代表烟草产业行政手段配置资源的效率损失，b_4代表烟草产业各地区分割造成的效率损失。根据技术效率计算程序，得出1988—2008中国烟草产业产出结构效率（AAE）、中国烟草产业整体技术效率（GTE）、中国烟草产业省际要素配置效率（RE）、中国烟草产业省内技术效率（ATE），具体如表6.7所示。但由于数据缺失，2007—2008年效率指标取自前9年效率指标的均值。

将表6.7中b_0、b_1、b_2、b_3、b_4各年的值标在图6.7显示，得出四条折线总体呈上升趋势图，其中b_3比其他四条折线上升更快，这也是导致b_1快速上升的最主要原因，由此知道b_3行政手段配置资源导致的效率损失是造成X低效率最重要的形式。

表6.7 1988—2008年中国烟草产业X低效率估算

年份	b_0 /亿元	b_1 /亿元	b_2 /亿元	b_3 /亿元	b_4 /亿元	AAE	GTE	RE	ATE
1988	367.99	88.33	51.53	41.59	4.43	0.888	0.77	0.989	0.87
1990	512.01	128.01	115.21	14.86	3.08	0.972	0.76	0.995	0.776
1994	967.96	280.72	140.36	166.50	21.30	0.829	0.72	0.979	0.856
1997	1158.36	289.60	234.00	63.72	10.44	0.946	0.76	0.992	0.799
1998	1374.74	522.41	173.23	321.70	101.74	0.767	0.63	0.927	0.875
1999	1390.78	589.70	168.29	449.23	44.51	0.678	0.577	0.969	0.880
2000	1426.67	525.02	182.62	286.77	132.69	0.800	0.633	0.908	0.873
2001	1673.85	647.79	185.81	354.86	209.33	0.789	0.614	0.876	0.890
2002	2012.36	788.85	223.38	422.60	269.66	0.80	0.609	0.867	0.890
2003	2206.98	962.25	222.91	664.31	229.53	0.700	0.565	0.897	0.890
2004	2597.22	994.74	194.80	638.92	301.29	0.755	0.618	0.885	0.926
2005	2840.75	1204.48	210.22	684.63	517.02	0.760	0.577	0.819	0.927
2006	3214.09	1179.58	202.50	684.61	459.62	0.788	0.634	0.858	0.936
2007	3776.24	1495.40	381.41	913.86	419.17	0.759	0.605	0.890	0.900
2008	4290.67	1699.11	433.37	1038.35	476.27	0.759	0.605	0.890	0.900
合计	29810.53	11395.83	3119.50	6746.36	3199.87				

资料来源：根据《中国烟草年鉴》（1988—2008）、《中国统计年鉴》（1900、1994、1997）整理。

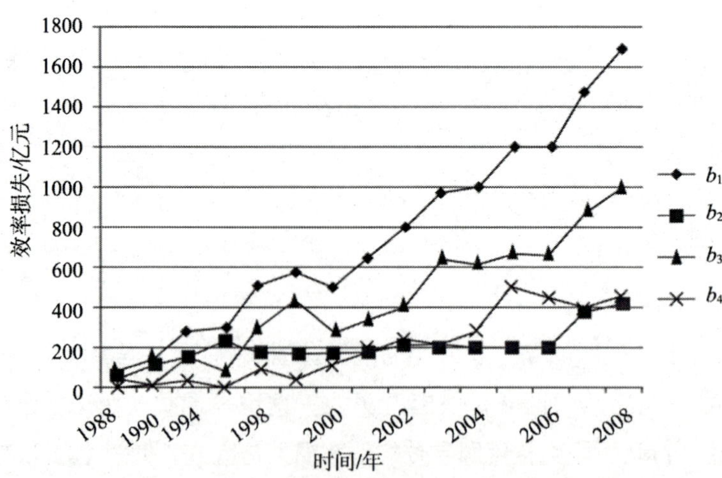

图6.7 1988—2008年中国烟草产业各种效率损失变化

6.3 专卖管制制度下中国烟草产业经济收益

中国烟草专卖管制制度的整体制度经济收益（行伟波，2009），应该为实施烟草专卖管制制度产生的额外的社会经济收益。假设中国整个烟草产业的总收益为P_m，如果用$P_m=P_1+P_2$表示，P_1是指整个烟草工业企业与烟草商业企业在未实施烟草专卖管制制度的情况下，生产销售经营所获取的经济收益；P_2是指整个烟草工业企业与烟草商业企业在实施了当前的烟草专卖管制制度的前提下，所能增加的额外经济收益。

现在分析中国整个烟草产业的总经济收益。1983年以来，中国烟草专卖管制制度实施近30年，其专控垄断状况只有不断增强却没有丝毫减弱的最大动机或背景就是中国整个烟草行业逐年持续的税利大幅递增，这其实也就是中国烟草专卖管制制度实施带来的巨大经济收益（程郁，张小林，2004）。至今中国烟草业已为国家发展贡献了雄厚的建设资金，从某种程度上说，烟草及其各类制品已逐步蜕化成为一定的财政化商品，中国烟草产业也已无可避免地成为了国家积聚财政资金的主导型产业。例如，中国烟草产业2009年创造的税利是1982年的70倍，从原来75亿元增加到5131.13亿元。2011年实现税利7529.56亿元，同比增加1382.89亿元，增长22.5%；上缴国家财政6001.18亿元，同比增长22.82%。2012年全行业实现工商税利8649亿元，同比增长15.7%。全年上交国家财政7166亿元，同比增长19%。1994年中国财税体制实行分税制以来，中国烟草行业历年税利占全国财政收入的比例从1994年的11%左右已经降至近年的7%，可是国家对烟草行业的专控力度进一步加大，更加完善了对烟草整个产业的烟叶原料供应、卷烟产品生产与卷烟制品的批发销售等所有产业链专控与垄断，所以国家烟草行业仍然位于国家上缴税利大户行列，为中国财政基础的不断充实和经济顺利改革转轨做出了不可磨灭的贡献（如表6.8所示）。

表6.8中的这些年来中国整个烟草产业创造的税利不能理解为就是中国烟草专卖管制制度的收益。众所周知，烟草企业在没有专控制度情况下也会在完全竞争市场中依法纳税并上缴利润，因此，如果需估算仅实施烟草专卖管制制度后多增加的收益，即中国烟草专卖管制制度的具体增加收益应该是指实施烟草专卖与管制制度产生的超额垄断税利、少偷逃税款收益、控烟社会收益和保护烟农受惠收益。

表6.8　1994年分税制改革以来中国烟草产业历年税利占全国财政收入比例

年份	烟草历年税利/亿元	全国财政收入/亿元	占比/%	年份	烟草历年税利/亿元	全国财政收入/亿元	占比/%
1994	550	5218	10.54	2002	1400	18904	7.41
1995	710	6242	11.37	2003	1600	21715	7.37
1996	830	7408	11.20	2004	2181	26396	8.62
1997	900	8651	10.40	2005	2495	31649	7.88
1998	950	9876	9.62	2006	2950	38760	7.61
1999	989	11444	8.64	2007	3880	51322	7.56
2000	1050	13395	7.84	2008	4499	61330	7.34
2001	1200	16386	7.32	2009	5131	68477	7.49

资料来源：根据中国国家烟草专卖局烟草统计公报和中国历年统计年鉴整理。

6.3.1　中国烟草专卖管制制度产生的超额垄断利润

（1）中国烟草专卖管制制度产生的超额垄断利润。

烟草专卖即烟草垄断，实质上排斥烟草市场中的一切竞争者，中国烟草产业本质上就是国家垄断产业。烟草产业超额垄断利润（Chaloupka和Warner，1999）是借助对烟叶收购的专卖专营、对烟草制品价格的垄断、对卷烟制品销量的严格计划专控等创造的，这些才是烟草专卖管制制度创造的收益。因此，中国烟草专卖管制制度产生的超额垄断利润就是烟草专卖管制制度的垄断利润与同类行业的平均利润之差。

（2）中国烟草专卖管制制度的超额垄断利润估算方法。中国烟草专卖管制制度的超额利润（M_1）的估算公式为：M_1=（成本费用利润率−其他参照行业平均成本费用利润率）×行业成本总额。这里的超额垄断利润也是烟草产业超过轻工业部门平均利润的超额利润。

（3）中国烟草专卖管制制度超额垄断利润的计算与分析。

中国烟草专卖管制制度超额垄断利润是专卖管制制度下烟草产业获取的高于其他竞争性轻工业产业平均市场利润的部分（邵东山，2006）。该超额垄断利润公式可为：$M_1=(r_t-r_0)\times C$。其中r_t是烟草工业平均成本费用利润率，r_0设为其他轻工业平均成本利润率，主要参照饮料制造业、食品制造业、纺织业大中型工业企业和农副产品加工业等轻工业平均成本费用利润率平均值。C设为烟草工业企业成本费用。用烟草工业企业的平均成本费用利润率r_t减去轻工业企业平均成本费用率r_0，然后乘以烟草工业企业平均成本费用，得到烟草工业企业平均超额超额利润，具体见表6.9 。

表6.9 1994—2008年中国烟草工业企业平均超额垄断利润

年份	烟草工业企业平均成本费用利润率/%	轻工业企业平均成本费用利润率/%	烟草工业企业平均成本费用/亿元	烟草工业企业平均超额垄断利润/亿元
1994	0.27	0.03	350	84
1995	0.27	0.03	459	109
1996	0.22	0.03	538	101
1997	0.21	0.03	584	104
1998	0.17	0.03	612	85
1999	0.17	0.03	657	91
2000	0.18	0.05	674	90
2001	0.19	0.05	743	107
2002	0.21	0.05	807	128
2003	0.25	0.06	860	164
2004	0.3	0.06	946	231
2005	0.3	0.06	1040	249
2006	0.32	0.06	1109	283
2007	0.39	0.08	1225	383
2008	0.42	0.07	1317	462

中国烟草商业企业超额垄断利润的计算公式为：

烟草商业企业超额垄断利润=（烟草商业销售成本费用率r_t−轻工企业平均成本费用利润率r_0）×烟草商业企业销售成本费用

详细数据如表6.10所示。

表6.10　1994—2008年中国烟草商业企业超额垄断利润

年份	烟草商业企业平均销售成本费用利润率/%	轻工企业平均成本费用利润率/%	烟草商业企业平均销售成本费用/亿元	烟草商业企业平均超额垄断利润/亿元
1994	0.1	0.03	1632	111
1995	0.11	0.03	2084	162
1996	0.11	0.03	2668	207
1997	0.09	0.03	3127	181
1998	0.08	0.03	3426	164
1999	0.08	0.03	3565	170
2000	0.09	0.05	3337	142
2001	0.1	0.05	3109	165
2002	0.11	0.05	3214	187
2003	0.12	0.06	3513	213
2004	0.15	0.06	3873	362
2005	0.18	0.06	4114	492
2006	0.28	0.06	3310	711
2007	0.23	0.08	4040	618
2008	0.24	0.07	4566	779

资料来源：根据国家烟草专卖局财务审计信息网整理。

由表6.10可知，1994—2008年，中国烟草工业企业和烟草商业企业15年累计实现超额垄断利润共达7326亿元（包括烟草工业企业和烟草商业企业两部分超额利润之和），这主要得益于中国烟草专卖管制制度下烟草产业依靠专控垄断制度（陈通等，2009），打击其他市场主体非法进入烟草市场，从而进一步增加卷烟产量，提高卷烟价格，为国家经济建设积累了大量资金储备。

6.3.2　中国烟草专卖管制制度的专控行为带来的少偷逃税款

烟草专卖管制制度进一步完善，信息管理系统不断升级并进一步趋于健全。烟草专控部门对烟草批发和调拨的管理异常严格，卷烟购销往来明细账目清晰，各地税务征收部门可以根据烟草相关计划指标准确估算出应缴纳税款。另外，中国各烟草企业属国家垄断企业，必须按时按计划完成利税，偷逃税款的动机不大，风险不小。因此，中国烟草垄断企业偷逃税款的动机和可能性不大。

（1）中国烟草专卖管制制度的少偷逃税款收益估算方法。

中国烟草专卖管制制度导致少偷逃税款假设为 M_2，计算公式为：

$$M_2 = （主营业务税金及附加+应交增值税+所得税）\times x\%$$

根据许文（2006）的测算，即便是低估逃税规模，1996—2004年中国国内增值税的平均逃税率为28.71%，2001—2003年为18.34%。经对税务征收部门的深入调查了解，可将企业偷逃税款的比例x%确定为1995—2000年采用25%计算，2000年以后采用15%计算。

（2）中国烟草专卖管制制度的少偷逃税款收益数量估算与分析。中国烟草专卖管制制度下中国烟草工业企业和烟草商业企业合计未偷逃税款公式为：

烟草未偷逃税款=烟草工商合计税（不包括烟叶税和烟草商业企业增值税）×未偷逃税款比例=（销售税金及附加+所得税+工业增值税）×一般企业偷逃税的比率

通过烟草工商企业合计税收乘以一般企业偷逃税的比率，可以简单估算出烟草专卖管制制度少逃税款的数额，如表6.11所示。

表6.11　1995—2008年中国烟草产业未偷逃税款

年份	销售税金及附加/万元	所得税/万元	工业增值税/万元	工商税/万元	未偷逃税款比例/%	未偷逃税款/万元
1995	3956475	754939	865800	5577214	0.25	1394303.50
1996	4683681	908876	1078200	6670757	0.25	1667689.25
1997	5029770	872089	1213200	7115059	0.25	1778764.75
1998	5147009	893719	1332200	7372928	0.25	1843232.00
1999	5312084	789232	1365300	7466616	0.25	1866654.00
2000	5618100	949947	1439500	8007547	0.25	2001886.75
2001	6335116	1044765	1770200	9150081	0.15	1372512.15
2002	7485857	1317476	2111600	10914933	0.15	1637239.95
2003	8430261	1623830	2458400	12512491	0.15	1876873.65
2004	10199903	2252126	2949300	15401329	0.15	2310199.35
2005	11405663	2880421	3293400	17579484	0.15	2636922.60

续表

年份	销售税金及附加/万元	所得税/万元	工业增值税/万元	工商税/万元	未偷逃税款比例/%	未偷逃税款/万元
2006	13064034	3870825	3726100	20660959	0.15	3099143.85
2007	13164235	43606270	4562300	22032805	0.15	3304920.75
2008	15934210	5891295	5270400	27095905	0.15	4064385.75

资料来源：根据国家烟草专卖局财务审计信息网和中经网数据库整理。该表中工商税不包括烟叶税和烟草商业企业增值税，销售税金及附加、工业增值税、所得税为工商合计数。

由表6.12知，根据1995—2008年中国烟草产业未偷逃税款占国家财政比例与中央财政比例估算值，可初步统计出中国烟草产业未逃税款占国家财政比例与中央财政比例随着国家整体税基的扩大而越来越小。

表6.12　1995—2008年中国烟草产业未偷逃税款占国家财政比例与中央财政比例

年份	未偷逃税款/万元	中央财政收入/万元	占中央财政比例/%	国家财政收入/万元	占国家财政比例/%
1995	1394304	32566200	4.28	62422000	2.23
1996	1667689	36610700	4.56	74079900	2.25
1997	1778765	42269200	4.21	86511400	2.06
1998	1843232	48920000	3.77	98759500	1.87
1999	1866654	58492100	3.19	114440800	1.63
2000	2001887	69891700	2.86	133952300	1.49
2001	1372512	85827400	1.60	163860400	0.84
2002	1637240	103886400	1.58	189036400	0.87
2003	1876874	118652700	1.58	217152500	0.86
2004	2310200	145031000	1.59	263964700	0.88
2005	2636923	165485300	1.59	316492900	0.83
2006	3099144	204566200	1.51	387602000	0.80
2007	3304921	277491600	1.19	513217800	0.64
2008	4064386	326805600	1.24	613303500	0.66

资料来源：中经网数据库。

6.3.3 中国烟草专卖管制制度的控烟社会收益

（1）中国烟草专卖管制制度的控烟社会收益。众所周知，烟民吸烟容易引起中风、冠心病、癌症、支气管炎等许多严重病症（中华人民共和国卫生部，2006），那么，为了治疗这些因吸烟而导致的疾病会带来巨额的医疗诊治直接费用，同时，因治病或疗养又会产生一定时期的工作中断，甚至长期或终生丧失劳动能力，那么，这种就是吸烟引起的间接费用。中国是世界上烟民最多的国家，全球卷烟制品吸食量的1／3归因于中国的广大烟民。中国烟草专卖管制制度一方面保证了卷烟制品的供应总量，另一方面又能压缩控制烟草消费总量（李天飞，2004）。总体上，中国烟草专卖管制制度是可以控制调整卷烟制品的增长量，始终保持卷烟制品的打假防假高压态势，保证卷烟制品的品格质量，进而通过一定程度地控制烟草供应总量，通过适度地抑制卷烟制品消费而产生的社会收益则是中国烟草专卖管制制度的控烟社会收益。

（2）中国烟草专卖管制制度控烟收益估算方法。控烟收益指烟民因吸烟致病而产生的医疗保健支出额与基期比较的减少额来估算，其计算公式为：

全国烟民因吸烟引起的每年每支人均医疗保健支出额 M_3 = 全国年卷烟销量／烟民人数×单支卷烟引起的医疗支出 = 全国卷烟销量／（人口数×吸烟率）。与基期相比的吸烟引致医疗支出的减少值，可理解为烟草专卖管制制度发挥的控烟收益。

（3）中国烟草专卖管制制度控烟收益的数量计算与分析。中国烟草专卖管制制度的控烟收益指烟民因吸烟致病而产生的医疗保健支出额与基期比较的减少额来估算，其计算公式为：

M_3 = 全国年卷烟销量／烟民人数×单支卷烟引起的医疗支出 = 全国卷烟销量／（人口数×吸烟率）。

与基期相比的吸烟引致医疗支出的减少值，可理解为烟草专卖管制制度发挥的控烟收益。由此看出，计算控烟收益需要的指标有总人口、单支卷烟引起的医疗支出、吸烟率和卷烟产量。总人口和卷烟产量可以从统计年鉴查出，单支卷烟引起的医疗支出和吸烟率需要进一步分析。

1984年以前，没有全国性的吸烟流行病学调查资料。1984年全国吸烟行为的流行病学统计表明，吸烟率为男性61.01％，女性7.04％；吸烟者中人均吸烟男性为13支，女性为11支。1996年全国吸烟流行病学研究统计表明，吸烟率为男性66.9%和女性4.2%；吸烟者中人均吸烟为男性15支和女性10支。2002年全国吸烟流行病学研究统计表明，吸烟率为男性66.8%和女性3.08%；吸烟者中人均吸烟支数与1996年统计的指标相同，即男性15支，女性为10支。2008年第四次国家卫生服务统计表明，吸烟率为男性48%和女性2.6%，但没有以往三次全国吸烟流行病学研究统计中均提供的吸烟者人均吸烟支数。总之，中国现时吸烟人口有2.7亿人，与前三次调查相比，吸烟率有所下降，但吸烟者的吸烟量增加明显，每天吸烟20支及以上烟民比例由2002年51%增至2008年的62%。

1984年、1996年、2002年的吸烟流行病学调查统计资料和2008年第四次国家卫生服务调查研究资料，可以合并为表6.13。

表6.13　中国历年吸烟率的变化

年份	吸烟率/%	男性吸烟率/%	女性吸烟率/%	男性日均吸食量/支	女性日均吸食量/支
1984	34.45	61.01	7.04	13	11
1996	37.6	66.9	4.2	15	10
2002	31.4	66.8	3.08	15	10
2008	26	48	2.6		

资料来源：2008年吸烟率根据《中国统计年鉴》中男性和女性总人口数换算得出。

从表6.13可以发现，中国的吸烟率逐步下降，但烟民的人均吸烟量并未减少，有的群体甚至上升，这说明更多的卷烟集中在某一部分群体消费。

烟民吸烟及其烟瘾的依赖性产生大量的居民医疗保健支出，如果根据白远良（2009）的研究，2009年每包卷烟消费所引起的医疗保健支出为0.021元。由此可得控烟总收益，如表6.14所示。

由表6.14可知，2002年以前烟民因年均吸烟而引起的医疗支出维持在约80元／年，但2002年以后却在100元/年以上，呈快速上升趋势。这主要是因为烟草专卖管制制度中工商分设的改革，卷烟工业企业效率提高，卷烟产销量大幅攀升，烟草产业效益更大。与此同时，烟民年均卷烟吸食量也在相应大幅增加，以致在烟草产业效益增加的同时烟民的医疗支出也在快速增加如图6.8所示。

表6.14 1990—2009年中国烟民医疗支出及控烟收益

年份	(1)卷烟产量/亿支	(2)年底总人口/亿人	(3)吸烟率/%	(4)年均吸食量[(1)/(2)×3]/支	(5)单支卷烟医疗支出/元	(6)烟民每年产生医疗支出[(4)×(5)]/元	(7)人均收益[=(6t)]/元	控烟总收益/亿元
1990	16490.00	11.433	0.360	3865.548	0.021	84.075		
1991	16130.00	11.582	0.360	3865.766	0.021	81.181	2.894	12.075
1992	16425.00	11.717	0.360	3891.179	0.021	81.715	2.360	9.963
1993	16880.00	11.852	0.360	3953.555	0.021	83.025	1.050	4.485
1994	17160.00	11.985	0.360	3974.434	0.021	83.463	0.612	2.642
1995	17425.10	12.112	0.360	3993.483	0.021	83.863	0.212	0.924
1996	17009.60	12.239	0.360	3857.871	0.021	81.015	3.060	13.490
1997	16887.10	12.363	0.345	3959.371	0.021	83.147	0.928	3.959
1998	16870.00	12.476	0.345	3919.378	0.021	82.307	1.768	7.610
1999	16700.00	12.579	0.345	3848.266	0.021	80.814	3.261	14.153
2000	16985.00	12.674	0.345	3884.387	0.021	81.572	2.503	10.944
2001	17010.50	12.763	0.345	3863.273	0.021	81.129	2.946	12.973
2002	17335.40	12.845	0.345	3911.745	0.021	82.147	1.928	8.546
2003	17904.30	12.923	0.287	4827.499	0.021	101.377	−17.302	−64.172
2004	18736.35	12.999	0.287	5022.267	0.021	105.468	−21.393	−79.808
2005	19389.08	13.076	0.287	5166.705	0.021	108.501	−24.426	−91.663
2006	20218.13	13.145	0.287	5359.263	0.021	112.545	−28.470	−107.403
2007	21438.84	13.213	0.287	5653.550	0.021	118.725	−34.650	−131.395
2008	22198.78	13.280	0.287	5824.285	0.021	122.310	−38.235	−145.729
2009	22901.50	13.347	0.287	5978.405	0.021	125.547	−41.472	−158.865
合计							−182.423	−677.271

资料来源及说明：根据中国历年统计年鉴整理。吸烟率取自表6.14中两次调查之间的平均数，烟民每年因吸烟的医疗支出为年均吸食量乘以单支卷烟医疗支出，烟民人数为总人口乘以吸烟率，年均吸烟量为

卷烟产量除以烟民人数。控烟收益以1990年烟民的人均医疗支出为基期，用其减去后续年份产生的医疗支出。在此单支卷烟消费产生的医疗支出采取不变价格计算，未考虑到医疗服务价格变动因素。

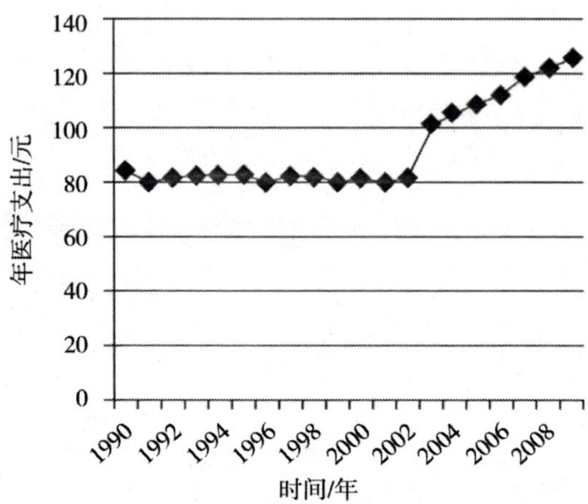

图6.8　1990—2008年中国烟民年均因吸烟导致的医疗支出示意图

1990—2008年中国居民医疗保健服务消费价格指数用表6.15和图6.8表示，以此考察1990—2008年中国医疗服务价格变动趋势。

表6.15　1990—2008年中国居民医疗保健服务消费价格指数

年份	居民医疗保健服务消费价格指数(上年为100)
1990	112.7
1991	110.3
1992	112.1
1993	138.0
1994	120.2
1995	111.1
1996	112.4
1997	122.9
1998	117.2
1999	111.7
2000	111.1
2001	110.5
2002	108.2

续表

年份	居民医疗保健服务消费价格指数(上年为100)
2003	108.9
2004	105.2
2005	105.2
2006	103.0
2007	102.2
2008	100.5

资料来源：《中国统计年鉴2009》。

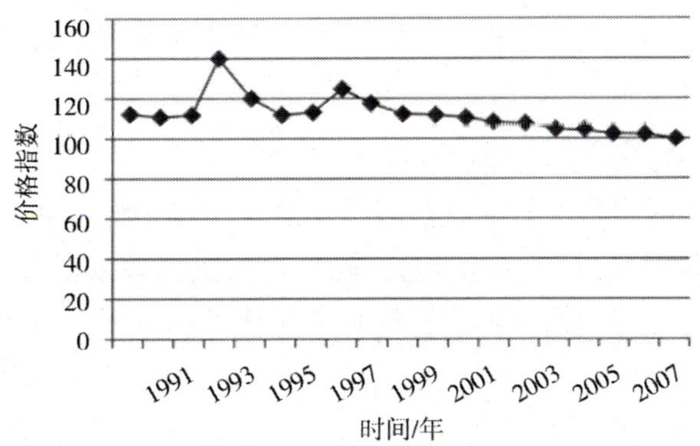

图6.9 1991—2007年中国居民医疗保健服务消费价格指数

从图6.9可知，1993年中国居民医疗保健服务消化指数为最大峰值，之后缓慢下降又慢速上升，1997年该指数又达曲线峰顶后一直处于缓坡趋势下降。由此可以解释，此间出现的医疗服务降价趋势可以抵消一部分吸烟者的医疗支出，事实上烟民因吸烟引起的医疗支出更多，烟民因吸烟对健康的损坏远比这里的计算值更大。

根据这里的数据汇总，中国烟草专卖管制制度变迁中的工商分设的改革确实使卷烟产销量大幅提高，烟草产业创造的经济税利效益也直线攀升，但从社会总效益的角度，大幅增加的卷烟产销量被广大烟民所消费，加大了医疗成本。因此，1991—2009年，中国烟草专卖管制制度的控烟净收益2003年后全为负收益，合计达-677.271亿元，这表明中国烟草专卖管制制度的变迁改革只能增加烟草产业的部门经济效益，本质上不但不能起到控制烟草消费的作用，随着大幅增加的卷烟被广大烟民所消费，烟民的实际医疗支出导致的控烟社会净效益趋于负值，后果越来越严重。

6.3.4 中国烟草专卖管制制度对保护烟农的受惠收益

（1）中国烟草专卖管制制度对保护烟农的受惠收益。2011年中国烟叶收购价格总体水平比上年提高12%。其中，烟叶收购上等烟比例56.09%，同比提高11.06个百分点，中等烟比例同比减少3.29个百分点，下低等烟比例同比减少7.7个百分点。全烟草行业投入烟叶抗灾救灾资金达9.01亿元，基础设施补贴资金93.4亿元，建设项目36.6万件，保护了烟农利益。烟农总收入512.31亿元，同比增加130.32亿元，增长34.12%；中国工商注册的烟农专业合作社2904个，入社农户达61万户。2011年户均烟农收入3.69万元，同比增加8000元，增长27.68%，烟农总收入512.31亿元，同比增加130.32亿元，增长34.12%；户均烟农收入3.69万元，同比增加8000元，增长27.68%。

中国烟草专卖管制制度对烟农经济收益的调控保护始终表现在对烟叶收购最低价格的保证。众所周知，中国一些农产品的价格通常不稳定，甚至起伏很大。农民经常遇到的情况是，下年实际种植什么作物一般是依据往年的该种农产品的经济收益来决定的，可当真正到收获季节卖出农产品时，真实的市场价又是另一番境地，价格的大波动致使农民很难有较为稳定预期利益的保证。在中国整个烟草产业，烟草种植业是整个烟草业的基础，烟草专卖管制制度对烟草种植业的保护除了建设相关基础配套措施、对烟农技术指导和发放补贴以外，更为重要的是对烟农种烟经济收益的预期保障。在当前中国烟草专卖管制制度的调控保护下，中国烟叶收购价格一直是相对稳定并且比粮食最低收购价格高、上升幅度快。以1983—2005年烟叶收购和早稻收购均价变化为例说明。如图6.10所示1983—2005年烟叶收购均价一般高于同期早稻收购均价。具体分析可以看出，在1993年之前烟叶收购均价相对稳定，1993年之后开始呈现较大上升的趋势，早稻的收购均价相对比较稳定，变化较小，而且价格差距呈现越来越大的趋势。

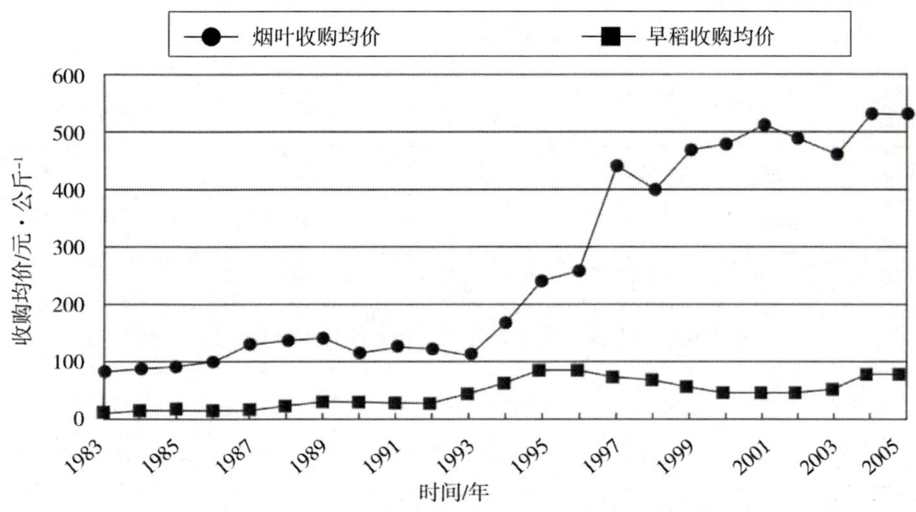

图6.10 1983—2005年中国烟叶收购和早稻收购均价变化

资料来源：周利勤，陈金红《维护烟农利益与实现烟叶生产持续发展》（2004—2006），原载《烟草经济研究报告》。

烟草专卖管制制度对烟农调控保护的最终结果是选择种植烟叶的经济收益比选择种植粮食要高并高出很多。如表6.16所示，1980—1997年农民选择种植烟草亩均税后收益一直远高于种植粮食。其中，种粮亩均税后收益只有65.6元／亩而选择烤烟可达182.72元/亩。国家烟草专卖局始终会依据农药、种子、化肥等农业生产资料的价格情况采取对应的烟叶收购价格浮动，使得每年下达的烟叶收购价格肯定能确保烟农选择种烟的经济收益。烟农在选择种植烟叶前，还能够通过与当地烟草收购商业企业签订烟叶收购合同以确保销路。总之，选择种植烟叶可以获得较高的稳定收入，这种与选择种植其他农作物的比较收入差异是烟草专卖管制制度的收益。

表6.16 1980—1997年亩均税后收益 元/亩

年份	烤烟	粮食	棉花	年份	烤烟	粮食	棉花
1980	79	12	55	1990	190	62	291
1983	108	24	99	1991	174	51	276
1984	147	35	119	1992	128	66	89
1985	117	39	82	1993	96	73	158

续表

年份	烤烟	粮食	棉花	年份	烤烟	粮食	棉花
1986	107	53	120	1995	321	220	458
1987	172	44	132	1996	572	156	310
1988	262	57	104	1997	219	96	355
1989	151	69	164	平均	183	66	168

资料来源：根据《新中国五十年农业统计资料》（中国统计出版社2000年版）整理。

（2）中国烟草专卖管制制度保护烟农收益的计算方法。中国烟草专卖管制制度保护烟农收益而增加的收益M_4可用下式计算：M_4＝（烟叶亩均税后收益-其他参照农作物产品亩均税后收益）×烟叶种植亩数。

为了从根本上保证中国整个烟草产业的基础稳固，中国烟草专卖管制制度下的烟草商业企业必须对烟农实行免费的技术指导和农业生产资料补贴，并提前确保烟叶最低收购价，这样，将烟草种植收益与其他参照农作物种植收益之差可理解为保护烟农收益。

（3）中国烟草专卖管制制度保护烟农收益的计算与分析。这里以农民选择种粮作为参照，然后依据农民选择种植烟叶所获收益，计算出农民选择种植烟叶比选择种植粮食多出的经济收益作为烟草专卖管制制度对烟农的保护经济收益。计算公式为：

保护烟农的收益=（种烟税后每亩收益-种粮税后每亩收益）×种植烟叶面积

或者为：

保护烟农的收益=（烟叶收购价-粮食收购价）×烟叶收购量

表6.17和图6.11显示了1978—1999年种植粮食与烤烟收益的对比，可以看出，烤烟亩均税后收益要高出种植粮食亩均税后收益许多。

表6.17　1978—1999年中国种植粮食和种植烤烟税后每亩收益　　元/亩

年份	烤烟	粮食	年份	烤烟	粮食
1978	35	1	1990	190	61
1980	79	11	1992	174	52
1983	109	25	1993	128	67

续表

年份	烤烟	粮食	年份	烤烟	粮食
1984	146	36	1994	96	72
1985	116	38	1995	321	220
1986	108	52	1996	571	156
1987	173	45	1997	219	96
1988	262	56	1999	230	57
1989	151	68	平均	183	66

资料来源：根据《新中国五十年农业统计资料》（中国统计出版社2000年版）整理。

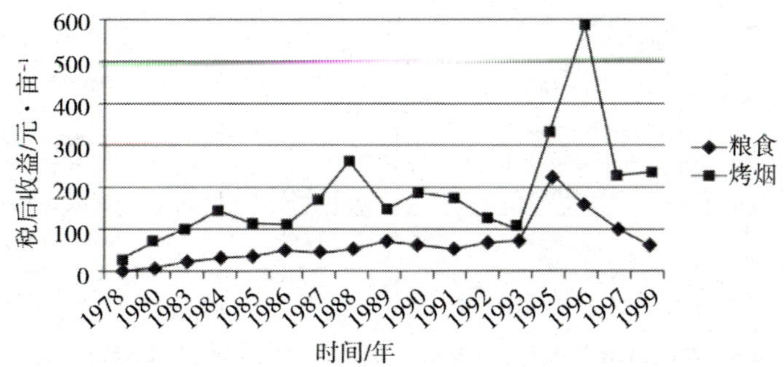

图6.11　1978—1999年中国粮食和烤烟每亩税后收益变化

鉴于资料不充分等多种原因，未查到1999年之后种植烟叶和种植粮食等主要农产品每亩税后收益的资料，故2000—2009年烟草专卖管制制度对烟农保护所产生收益采用公式“保护烟农利益=（烟叶收购均价-粮食收购均价）×烟叶收购量”。这里采用的两种收购价之差和烟叶收购量参见表6.18。

表6.18　2000—2009年中国粮食收购价格和烟叶收购价格　　元/公斤

年份	烟叶收购均价	粮食收购均价	年份	烟叶收购均价	粮食收购均价
2000	—	0.97	2005	9.86	1.564
2001	—	1.03	2006	9.69	1.66
2002	—	0.98	2007	10.84	1.83
2003	—	1.13	2008	13.76	1.98

续表

年份	烟叶收购均价	粮食收购均价	年份	烟叶收购均价	粮食收购均价
2004	9.96	1.41	2009	14.31	2.09

资料来源：根据国家烟草专卖局内部资料及《中国农村统计年鉴》整理。

表6.19　1978—2009年中国烟叶种植面积和烟叶收购量

年份	烟叶种植面积/亩	年份	烟叶收购量/千克
1978	11760000	1999	35295000
1980	7680000	2000	2552000000
1985	19695000	2001	2350000000
1990	23895000	2002	2447000000
1991	27060000	2003	2257000000
1992	31395000	2004	2406000000
1993	31335000	2005	2683000000
1995	22350000	2006	2456000000
1996	22050000	2007	2395000000
1997	27795000	2008	2838000000

资料来源：根据中经网数据库和国家烟草专卖局内部资料整理，中经网所查得的烟叶播种面积单位为公顷，表格数据按1公顷=15亩换算。

经过整理上述3张表格，得出保护烟农总收益，详见表6.20 。

表6.20　1978—2008年中国烟草专卖管制制度保护烟农所得总收益

年份	烟叶种植面积/亩	烟叶税后亩均收益/元·亩$^{-1}$	粮食税后亩均收益/元·亩$^{-1}$	收益差/元	保护烟农总收益/万元
1978	11760000	35	1	334	39514
1980	7680000	78	11	67	51226
1985	19695000	116	38	78	153621
1990	23895000	190	61	129	307529
1991	27060000	174	52	122	330673
1992	31395000	128	67	61	190254

续表

年份	烟叶种植面积/亩	烟叶税后亩均收益/元·亩$^{-1}$	粮食税后亩均收益/元·亩$^{-1}$	收益差/元	保护烟农总收益/万元
1993	31335000	96	72	24	73951
1995	22350000	321	220	101	225288
1996	22050000	571	156	416	917060
1997	27795000	219	96	123	341323
1999	35295000	230	57	173	609898
2004	2406000000	9.96	1.41	8.55	2056023
2005	2683000000	9.86	1.56	8.30	2225817
2006	2456000000	9.69	1.66	8.03	1971480
2007	2395000000	10.84	1.83	9.01	2158912
2008	2838000000	13.76	1.98	11.78	3343414

资料来源：①因都分数据缺失，缺少若干年保护烟农收益。②根据《中国统计年鉴2009》和国家烟草专卖局内部资料整理，2004年以后的总收益为纯收入差，未考虑成本，因此高估了收益。

由表6.20知，1978—2008年中国烟草专卖管制制度保护烟农所得总收益，烟草专卖管制制度下种烟的收益超过种粮的，1985年种烟的收益就远远高出1978年和1980年，其后除了1993年粮食价格上涨以外，其余年份种烟的收益都远高于种粮收益，这表明烟草专卖管制制度对于烟叶价格的保护和烟农收益的保障政策是延续的，烟农的稳定收益有效地保证了烟草产业的原料供应。

6.4 专卖管制制度下中国烟草产业成本和收益对比

中国烟草专卖管制制度在不同的历史时期由于时代和环境的不断变迁，其成本和收益的关系也在不同的历史时期相应表现出不同的制度特征。本章对中国烟草专卖管制制度各时期的成本和收益状况进行数量实证分析，对当前中国烟草专卖管制制度变迁的效率和趋势做出评价。

烟草专卖管制制度的成本包括专卖管理成本、X低效率、无谓损失、寻租成本，其收益包括控烟收益、保护烟农收益、超额垄断利润以及与其他行业相比少偷逃税款相对给国家增加的收益。这些成本和收益有的难以利用直接的指标和数据计算，只能通过一些估计方法并选取相关指标进行估算。

经查对《中国统计年鉴》《中国工业统计年鉴》《中国轻工业统计年鉴》和《中国工业年鉴》等，1949—1992年中国烟草产业统计数据不全。所以，必须首先说明的是，在估算中国烟草专卖管制制度实施成本收益时，鉴于部分年份的数据丢失或统计不全而无法准确计算，这会在一定程度上影响对成本收益的正确估算，但由于数据总体缺失不多，不会影响太大。

6.4.1 成本和收益的数量总体对比

经过汇总烟草专卖管制制度成本，得到表6.21。

表6.21 1997—2008年中国烟草专卖管制制度成本汇总

年份	烟草专卖管理成本/万元	寻租成本/万元	X低效率/万元	无谓损失/万元	烟草专卖管制制度总成本/万元	GDP/万元	占比/%
1997	780000	–56756	2895875	206792	3825911	789730000	0.48
1998	800000	–61355	5223974	151794	6114413	844023000	0.72
1999	390000	–63663	5896864	154884	6378086	896771000	0.71
2000	600000	–68202	5250108	186393	5968300	992146000	0.60
2001	820000	–22928	6477760	245228	7520061	109652000	0.69
2002	910000	11143	7888412	330798	9140353	1203327000	0.76
2003	1000000	39267	9622389	506428	11168085	1358228000	0.82
2004	1190000	103582	9947314	905837	12146733	1598783000	0.76
2005	1480000	183936	12044737	1093153	14801826	1832174000	0.81
2006	160000	378563	11795673	1738347	15512584	2119235000	0.73
2007	1750000	502814	14953870	2313739	19520425	2573056000	0.76
2008	2020000	696924	16991013	3011858	22719795	3140450000	0.72
合计	1440000	1643324	108987995	10845251	134816570	18444475000	0.73

由表6.21可知，中国烟草专卖管制制度总成本占GDP的比重从1997年的0.48%一直上升到2003年的0.82%，之后虽然逐渐回落，但1997—2008的年总体趋势是上升的，表明中国烟草专卖管制制度2002年工商分家后，改革加大了

烟草专卖管制制度的制度成本。2004后，烟草专卖管制制度成本平均占GDP的比重达到0.71%，其占GDP比重的变化可以用图6.12表示。

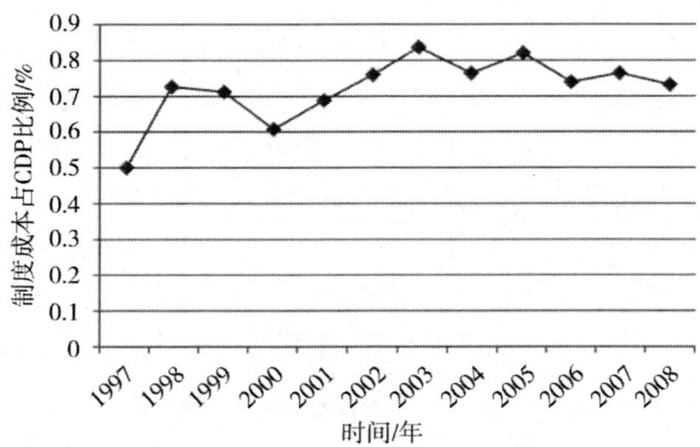

图6.12　1997—2008年中国烟草专卖管制制度成本占GDP的比重变化

用同样的方法汇总烟草专卖管制制度的收益，可得到表6.22。

表6.22　1995~2008年中国烟草专卖管制制度收益汇总一览表

年份	烟草超额垄断利润/万元		控烟收益/万元	保护烟农/万元	少偷逃税款/万元	制度总收益/万元	GDP/万元	占比/%
	商业	工业						
1994	1105848	8307824	1963050	26419		1976114	481979000	0.41%
1995	1620049	1089325	9244	1394304		4112922	607937000	0.68
1996	2074484	1009891	4886969	134904	1667689	4911185	711766000	0.69%
1997	1805461	1035495	39589	341323	1778765	5000633	789730000	0.63
1998	1635403	842914	76102	1843232		4397651	844023000	0.52
1999	1701703	904043	141533	609898	1866654	5223830	896771000	0.58
2000	1419535	892260	109442	2001887		4423123	9924146000	0.45
2001	1653559	1063527	129728	1372512		4219325	1096552000	0.38
2002	1868490	1274640	85458	1637240		4865828	1203327000	0.40
2003	2131682	1638303	−641717	1876874		5005142	1358228000	0.37
2004	3620106	2301592	−798085	2056023	2310199	9489836	1598783000	0.59
2005	4915177	2489586	−916627	2225817	2636923	11350876	1832174000	0.62

续表

年份	烟草超额垄断利润/万元		控烟收益/万元	保护烟农/万元	少偷逃税款/万元	制度总收益/万元	GDP/万元	占比/%
	商业	工业						
2006	7106593	2823240	−1074029	1971480	3099144	13926428	2119235000	0.66
2007	6172380	3829147	−1313946	2158912	3304921	14151413	2573056000	0.55
2008	7790380	4616719	−1457295	3343414	4064386	18357604	3140450000	0.58
合计	46620850	26641463	−5449280	12706867	30854728	111374629	20246157000	0.55

如表6.22所示，自1998年以来，中国烟草专卖管制制度的成本总体上大于收益。制度成本一旦超过其收益，就存在推动其改革的内在动力，根据成本-收益决定与制度变迁关系，最终导致制度变迁。因此烟草专卖管制制度从本质上需要改革。

由于保护烟农收益这块数据的缺失，导致无法准确判断烟草专卖管制制度收益的具体整体走势。观察数据完整的2004—2008年这几年，烟草专卖管制制度收益不稳定，时高时低，平均占GDP比重为0.60%。这里2004年以前的成本和收益的数据不完整，只选取1997—1998年以及2004—2008年的烟草专卖管制制度成本和收益进行比较。

表6.23　1997—2008年中国烟草专卖管制制度成本收益对比

年份	烟草专卖管制制度总成本/万元	烟草专卖管制制度总收益/万元	GDP/万元	成本占GDP比重/%	收益占GDP比重/%
1997	3825911	5000633	789730000	0.48	0.63
1998	6114413	4397651	844023000	0.72	0.52
2004	12146733	9489836	1598783000	0.76	0.59
2005	14801826	11350876	1832174000	0.81	0.62
2006	15512584	13926428	2119235000	0.73	0.66
2007	19520425	14151413	2573056000	0.76	0.55
2008	22719795	18357604	3140450000	0.72	0.58

6.4.2　中国烟草专卖管制制度成本收益的评价

中国烟草专卖管制制度的制度变迁源于以上对烟草专卖管制制度进行的成本-收益的一系列数据分析，从数据上看出，近几年，确切地说，1998年后中国烟草专卖管制制度的社会总成本已持续远超过了制度社会总收益，因此，中国烟草产业专卖管制制度必须进行进一步变迁改革。但在该制度的设计完善过程中，重新考察当前烟草专卖管制制度的有关理论依据，为将来确立更好的制度设计改革路径提供理论支撑。

经对国内文献检索和考察，当前国内依然坚持实行当前烟草专卖管制制度的理由有：首先是为了防止税款流失，稳定国家的财政基础；其次是确保烟民的卷烟消费利益，保证消费卷烟货真价实；最后是该制度能保护农民选择种植烟草的农作物比较收益。为此，结合以前成本收益数据进行这三方面分析，以求从数据层面论证中国烟草专卖管制制度的存废得失。

（1）稳定财政税款论。首先，中国烟草专卖管制制度下烟草国有企业在各个时期创造了巨额的利润和为国家积累了坚固的财政基础，为国家的经济建设做出了巨大贡献，这些都是事实。另外，也应该充分认识到，卷烟制品是严重危害烟民及被动烟民生命健康的，这是目前人类的共识。从有形损害来讲，专卖管制制度下大幅增长的卷烟产销量给广大烟民带来了大量的致病医疗支出，从而使得整个烟草产业的社会经济效益近年来持续负增长，至于给这些卷烟致病者导致的生命健康质量的损失、家庭的幸福和谐的损失、给国家带来的劳动力损失、给社会资源无效配置的损失等都无法或很难用可计价的经济损失来计算。因此，中国烟草专卖管制制度给国家带来的稳定财政收入只是事实的一方面，另一方面的事实是同时也给整个国家社会带来了损失和灾难，并且后者仅可计价的损失和灾难计算结果就远超过了前者的经济收益，至于后者无形的损害和负收益就更严重、更难以估算了。从这个意义来讲，中国烟草专卖管制制度的存在能稳定财政税款的论调是一叶障目，从根本上不符合科学发展观，不符合社会可持续发展潮流的。

其次，即便是中国专卖管制制度下的烟草企业创造的税收之外的利润也是很多的。但是这些利润大多是靠这种专卖管制制度的垄断产生的，所以，笔者认为这种依靠烟草专卖管制制度保证烟草利润的做法不能成立。以1995—2008年烟草商业企业税利对比为例，如图6.13所示，烟草产业的税利中，税收的比例越来越小，而利润的比例越来越高。垄断为烟草产业带来的收益，更多地留在了烟草企业。烟草专卖管制制度以为国家创造税利为依托，谋取的是行业利益。

最后，从防止偷逃税款保持财政稳定的角度，中国烟草专卖管制制度的存在也是站不住脚的。若为获得这部分少偷逃税款的收益而维持烟草专卖管制制度，从成本收益角度分析，其成本偏高。因为即使没有烟草专卖管制制度，烟草产业税收依然存在。只需加强征缴力度，即可避免税收流失。如表6.24和图6.14所示，少偷逃税款的制度收益占烟草专卖管制制度总成本的平均比例达23.67%，近10年也保持在16%以上。

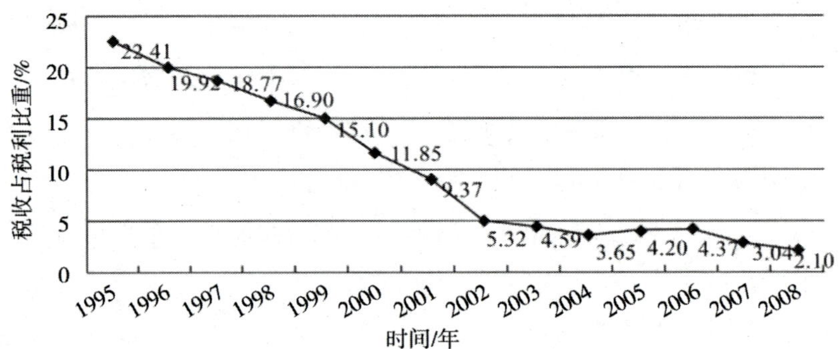

图6.13　1995—2008年中国烟草商业企业税收占税利比重

资料来源：根据历年烟草年鉴整理。

表6.24　1997—2008年烟草少偷逃税款规模占制度总成本比例

年份	少偷逃税款/万元	烟草专卖管制制度总成本/万元	占比/%
1997	1778765	3825911	46.49
1998	1843232	6114413	30.15
1999	1866654	6378086	29.27
2000	2001887	5968300	33.54
2001	1372512	7520061	18.25
2002	1637240	9140353	17.91
2003	1876874	11168085	16.81
2004	2310199	12146733	19.02
2005	2636923	14801826	17.81

续表

年份	少偷逃税款/万元	烟草专卖管制制度总成本/万元	占比/%
2006	309914	15512584	19.98
2007	3304921	19520425	16.93
2008	4064386	22719795	17.89

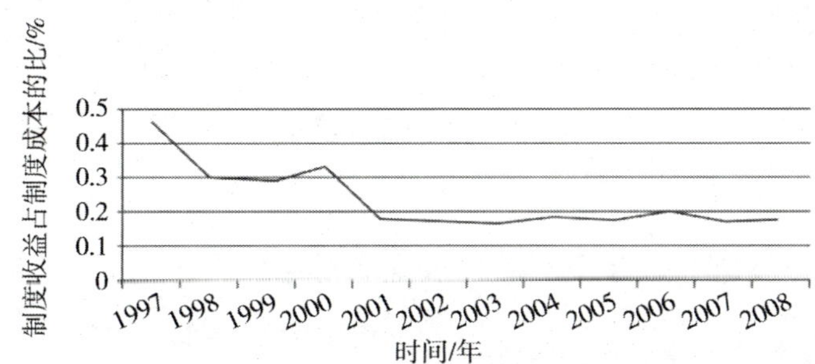

图6.14　1997—2008年中国烟草少偷逃税款的制度收益占制度成本的比例

总之，无论从哪一角度，烟草专卖管制制度保证国家税收的说法难以成立。

（2）保护卷烟消费者利益论。该观点认为烟草专卖管制制度保障了卷烟消费者的所谓卷烟消费权益。一是现行的烟草专卖管制制度可以使烟草产业总体上持续降焦减害，减少或保证卷烟消费者的健康不受或少受损失；二是该专卖管制制度可以控制烟草消费，保证烟草消费总量减少或至少不增加；三是烟草专卖管制制度为打击假冒伪劣卷烟做出了重大贡献，消费者可抽上所谓质量检验合格的“放心烟”。

这些理由和观点，貌似有理，实则无法站住脚。

首先，卷烟制品降焦减害是国际各烟草制品生产商经过几十年的科研努力证明行不通的，这已是国际共识，而且至今持续的该项目的研究也没有取得任何进展，由此，降焦就能减害的观点是错误的，是不以烟草专卖管制制度为保证的，该论调与烟草专卖管制制度无关。

其次，现行的中国烟草专卖管制制度能够控制住卷烟消费总量。众所周知，中国现行烟草专卖管制制度实施以来，为了进一步增加烟草财政收入，中国卷烟产销量是在大幅度增长，卷烟品格档次在完善提高，卷烟价格随之上涨。由此，据一系列吸烟流行病学调查统计结果显示，卷烟消费量总体在快速增长，烟民人均吸食量增加，烟民年均吸烟致病医疗支出逐年上升，现行财税利益最大化的烟草专卖管制制度与控制烟草消费总量的目标背道而驰。

最后，对于打击假冒伪劣商品是全民皆兵，有工商等政府专门执法部门负责，如果实行烟草专卖管制制度是由于打击假冒伪劣卷烟，那么相对于众多的其他生活用品都实行该产品专卖管制制度，如实行水果专卖、服装专卖和面粉专卖管制制度，这显然是不可能的。

（3）保证种植烟草农民根本利益。该观点认为烟草专卖管制制度从根本上保证了选择种植烟草的农民相对于种植其他农作物农民的基本收益优势，然而，为了保护烟农的这些收益而实行的烟草专卖管制制度代价是巨大的。将烟农的收益与烟草专卖管制制度的总成本比较，如表6.25所示，2004—2008年平均烟农收益占烟草专卖总成本的比例仅达14.09%。

表6.25　2004—2008年中国烟农收益占烟草专卖管制制度总成本比例

年份	烟农收益/万元	烟草专卖管制制度总成本/万元	占比/%
2004	2056023	12146733	16.93
2005	2225817	14801826	15.04
2006	1971480	15512584	12.71
2007	2158912	19520425	11.06
2008	3343414	22719795	14.72

7 中国烟草产业管制变迁的走向

7.1 国际烟草产业管制变迁

总体来看，全球对烟草产业的管制方式有四种，即国家行政垄断、不完全国家专卖、严格的市场限制和放任自流。这四种管制方式的特点比较可见表7.1。

表7.1 国际烟草管制的四种模式比较

模式	政策内容	典型国家	优势	劣势
(a)国家行政垄断	政府完全垄断烟草的生产经营	中国、古巴	确保政府的财政收入,保护烟草不受外国烟草行业竞争威胁	限制了竞争,不利于建立完全的市场经济体制
(b)不完全国家专卖	政府只针对烟草生产经营的部分环节特别是销售环节实行专卖	日本、韩国	政府掌握较大的主动权,收放有度	一定程度上仍然限制竞争
(c)严格市场限制	取消了专卖形式,但通过相关法律、法规对烟草产业进行管制	美国	政府对烟草产业的控制更为灵活,对市场秩序的干预最小	对政府的调控能力和法制建设要求较高
(d)放任自流	无限制	刚果		完全失去了对烟草产业的控制

资料来源：吕筱萍，杨静.从世界烟草专卖制度演变模式看中国烟草专卖制度的改革.重庆工商大学学报：社会科学版，2006，5（23）：65-68.

大部分国家实行（b）种和（c）种方式管理烟草产业，实行（a）种和（d）种方式的国家只占极少数。卷烟及其各类制品非常特殊，不同于一般市场产品，易于使消费者上瘾，且严重损害主动和被动卷烟消费者健康；在管制该产业时可产生大量税收，国际各国对该产业的制度变迁均比较谨慎，烟草产业的制度变迁比其他行业晚，而且变迁的速度慢。但近30年，烟草产业管理体制出现多元化趋势，市场化、私有化成为主流趋势。

各国烟草专卖制度改革出于本国历史和具体国情，如伊拉克鉴于战争的因素致使烟草专卖制度变迁；前苏联和东欧国家鉴于前苏联解体和东欧剧变的历史国情致使原来高度集中的烟草制度一夜之间被完全市场化代替；欧盟为完成经济一体化的战略调整使该区域各国原烟草专卖制度趋于一致性改革；20世纪的西班牙、韩国、匈牙利等迫于国际的贸易环境压力被迫改革原有的烟草专卖制度。由此可见，烟草专卖制度的变迁方式可分为主动性变迁和被动性变迁（林毅夫，1994），其中多数国家为被动性变迁。这点完全可以理解。在烟草专卖制度下，政府是烟草高额税收的利益既得者，烟草企业是高额垄断利润的利益既得者，二者天然有合作的倾向，如果没有诸如外部压力等其他因素，各国政府很少对原有专卖制度实施变迁。

以下对国际主要烟草国家专卖制度变迁过程进行介绍（吕筱萍，杨静，2006）。

7.1.1　法国烟草专卖管制制度变迁

法国烟草专卖制度始建于1770年。自从1970年加入欧洲共同体（以下简称“欧共体”）后，法国必须遵从欧共体的相关规定，烟草种植业不得包含在专卖制度内。1976年，法国遂实行烟草不完全专卖制度，烟草种植、烟叶收购、卷烟加工生产等诸多环节对民营资金完全开放。1995年，法国完全取消烟草专卖制度，为此花费了十年的准备时间：一是开展兼并重组，抓大放小，将全国16家卷烟厂关停并转至6家，实现了规模化经营；二是建设销售网络，通过建立3.6万个销售网点，且联网连接，掌握了大部分的卷烟销售渠道；三是对国有烟草资产实行股份制改革，推行私有化。尽管烟草专卖制度被取消，但是相关的严格管制制度逐步建立和完善，如法国国有烟草公司专控卷烟制品批发，禁止外国在法国新建设工厂，欧共体以外的卷烟进入法国由法国烟草公司销售。法国卷烟的生产者、销售者必须申请办理有关许可证件，卷烟价格实行统一定价，受严格监控。

7.1.2 日本烟草专卖管制制度变迁

1985年日本结束原来实行多年的烟草专卖制度，但同时通过制定和完善法律保持对烟草生产、卷烟价格的严格管制，卷烟零售渠道仍然实行行政许可制度。按照新颁布的法律规定，日本烟草产业株式会社（公司）是日本境内唯一合法的卷烟制造商，其他组织和个人不得制造卷烟；大藏省大臣对国产卷烟和进口卷烟的批发价和零售价进行审批。同时，撤销日本烟草专卖公社，1985年4月成立日本烟草产业株式会社，大藏省代表国家对公司有绝对管理权。1994年，日本烟草产业株式会社改制为股份有限公司，按照法律规定该公司上市股为1/3，日本政府实际控股为2/3，持有公司发行股票1/2以上。

7.1.3 意大利烟草专卖管制制度变迁

意大利烟草专卖制度始建于1884年，改名为烟草专卖局为1927年。意大利烟草专卖部门由财政部代管，财政部部长主管，该烟草专门机构设董事会和总经理，直接专控烟草种植、加工、生产以及销售。20世纪意大利逐步取消对烟草的专控，如先后废除烟草种植的计划、取消卷烟用纸的专控、放松对卷烟制品进口的专卖管理；至2003年被英美烟草公司收购，取消了卷烟生产环节的专卖管理。但是，意大利却还一直对烟草产业的某些环节保持一定的管制。例如，对卷烟零售的行政许可，发放经营牌照，有效期为9年，同时按指定仓库批发卷烟。

7.1.4 希腊烟草专卖管制制度变迁

希腊烟草专卖制度建立于19世纪初，加入欧共体后该专卖制度废除，期间经历200年。希腊不实行专卖制度后却一直保持对烟草产业一定程度的宏观调控和政府管制，如由财政部烟草司宏观调控；实行价格管制；控制卷烟零售商店的经营位置和时间。

7.1.5 西班牙烟草专卖管制制度变迁

西班牙是全球最早实施烟草专卖制度的国家，共历时350年。西班牙通过财政部下属的烟草专卖管理局，对烟草制品的产供销、进出口实行全方位管制，并对国内卷烟实施定价。烟草专卖管理部门与烟草公司每5年签署相关协议，委托烟草公司开展专卖管理工作，同时还赋予烟草公司专卖权。同样是由于加入欧共体，西班牙必须服从欧共体的有关规定，对烟草专卖实行改革，进行股份制改造。但其中52%为国有，政府依然对烟草产业大部分控制，其余48%为上市公司持有。加入欧共体废除专卖制度之后，西班牙对卷烟制品的批发、零售实施颁发许可证等现在许可制。

7.1.6　美国烟草管制制度变迁

美国没有实行过真正意义上的烟草专卖制度，但对该产业始终保持一定的管制。美国20世纪30年代一度实施烟叶种植计划的配额管制和最低烟叶收购价格保障制度以保护烟农利益，但在2004年10月布什总统签署《美国烟草种植者配额法案》，结束了这一存在66年的由政府调控烟叶价格及生产计划的制度。美国负责烟草管制的行政部门是联邦政府财政部下属的烟酒火器局，有关烟草管制的具体行政的事务（如烟厂的设立以及关停并转等）由该部门具体负责。美国卷烟批发、零售业务的申请许可由州政府负责审查批准。

7.2　国际烟草管制制度变迁对中国烟草产业的启示

7.2.1　国际烟草产业管制制度变迁的特征总结

（1）烟草专卖管制制度是一种政府管制方式。由于烟草制品本身具有使人上瘾、有害健康等天然特殊属性，故对烟叶与烟草制品的生产经营不能任其自由发展。国际上大多数国家对烟草产业采取的管制模式尽管不尽相同，但都要进行严格管制，如实行高税率重税政策、烟草专卖制度、特许经营及行政许可等，烟草专卖制度只是各国政府对烟草产业实施管制手段中的一种。

（2）烟草专卖管制制度是有效的管制制度，与经济形态无关。众多国家都曾实行烟草专卖制度，而且历时长久，说明该制度曾是一项成功的政府管制制度。烟草专卖制度从其产生、发展、完善至衰亡都与各国所处的时代背景密切相关，说明这种制度与社会制度、经济形态无关，不是计划经济的特有产物，也不专属于社会主义国家。

（3）烟草专卖管制制度的生命周期较长且形式多样。如法国、西班牙的烟草专卖制度从建立、完善到最终取消烟草专卖制度，历经百年或更长时间，时间跨度很大。烟草专卖制度的方式可分为完全专卖和部分专卖，即对生产经营全部或部分环节进行垄断，具体情况视具体国情而定。

（4）烟草专卖管制制度的最终归宿是去专卖化，即逐步市场化。由于国际贸易自由化和世界经济一体化是不可阻挡的潮流，在这种趋势的作用下，许多国家都放弃了原有的烟草专卖制度，并对其进行市场化方向改革，市场化是烟草产业发展的最终方向。

（5）政府在取消烟草专卖管制制度后应继续对烟草产业实施管制。尽管有关国家取消了烟草专卖制度，但是政府对烟草产业的监管始终存在，如行政许可、特许经营、国家控股、价格管制、进货指定，其目的仍是为了维护国家税源，以及为保护本国烟草产业，或者为保护相关利益群体，如美国对烟农的买断政策。

7.2.2 对中国烟草产业管制制度改革的启示

（1）去专卖化是烟草管制制度发展的趋势。中国烟草专卖制度已表现出与时代发展环境不符，导致其制度成本超过制度收益，表现为制度的低绩效，必须进行改革。应顺应国际经济发展的潮流，对烟草产业实施去专卖化取向的改革，使其焕发活力。

（2）完全取消烟草专卖制度需要有一段过渡期。从国外做法来看，这涉及政企的分开、经营主体的重建、股权结构的调整、经销网络的布局、国家法律的废立，以及相应政策的配套等，故需要在明确目标取向的同时，循序渐进，逐步过渡。

（3）去专卖化不等于去管制。烟草专卖制度作为政府管制烟草业的手段之一，在行业发展的同时一定程度上兼顾了烟农、零售商、烟民的利益。当它退出之后，政府应该继续履行管制职能，采取其他的监管措施管制烟草产业。在中国尤为重要的是对烟农利益的保护，这涉及“三农”问题，关系到国家稳定和谐。

7.3 中国烟草产业管制制度变迁路径研究

7.3.1 对当前中国烟草产业管制制度变迁建议的述评

目前，国内关于烟草专卖制度改革的主张有三种：一是坚持烟草专卖管制制度，持这种观点的人大多为烟草产业从业人员；二是废除烟草专卖制度，以刘炼、杨翔（2002）为代表；三是坚持在烟草专卖制度下进行改革，以陶明（2005）、贺运生（2007）为代表。

（1）笔者认为，坚持烟草专卖制度之主张不妥。第一，会造成更高的社会成本，损害社会福利。通过分析，烟草专卖制度的成本超过收益，如果继续维持下去，其制度成本，如寻租成本、无谓损失、X低效率以及庞大的专卖管理成本，将进一步扩大，从而造成更大的社会损失。第二，如继续维持现行运行模式和已有利益格局，维系计划管理，保持烟草财税政策不变，则地方保护无法彻底打破。烟草产业无法做大做强，竞争力无法提升。第三，会妨碍形成统一的卷烟流通大市场，损害卷烟经营者和消费者的利益。因之，固化现有烟草专卖制度，拒绝改革，对大多数利益群体都不利。

（2）立即废除烟草专卖制度也不可行。如上所述，对外国经验的借鉴表明，去专卖化需要具备一系列环境和条件，为此需要有一段过渡期和准备期。按照制度变迁理论，即使新制度比旧制度有更高的潜在收益，但如果潜在的净收益（即新旧制度净收益之差）低于旧制度的变迁成本，则制度变迁不能发生。国家要从完全国家垄断状态脱身而出，其变迁成本很高昂。保持经济发展的相对稳定和保障人民群众生活的基本稳定是国家首要任务，而维稳就首先要提高就业率，还要保障农民的利益。目前，中国烟草产业与中央及地方财税收入、2000余万烟农、1000余万的卷烟零售户的利益密切相关，同时烟草产业自身有从业人员50余万。如果立即取消烟草专卖制度，烟草产业可能会因为没有市场竞争经验，无法面对国际烟草势力的冲击而造成经营困难，进而在短期内造成国家、地方财政税收流失，烟农利益、卷烟零售户利益受损，给维护社会稳定的局面带来负面因素。这种变迁的成本过于高昂而难以被决策部门所接受。

（3）第三种意见认为应当在坚持烟草专卖制度的前提下逐步改革，笔者表示赞同。但是这些意见只是就问题而谈改革，没有上升到理论的高度。如既不伤及烟草专卖制度又可着手改革的内容有哪些？这些方面的改革能否与专卖制度兼容，是有利于完善烟草专卖制度还是导致专卖制度崩溃？诸如此类的问题，都需要从理论和实践的结合上做出解答。

笔者对中国烟草产业管制制度未来改革变迁的基本观点是应采取渐进式的

“去专卖化”改革变迁。理由是中国烟草专卖制度的制度运行已是负效率、逆效应，该制度成本远大于制度收益，亟待对该专卖制度进行较彻底地改革，为避免改革风险成本偏大，建议采取渐进式改革。

7.3.2 中国烟草产业管制制度变迁目标:去专卖化

中国烟草产业管制制度改革的目标之所以是去专卖化，涉及对国家垄断性质和中国现行专卖制度缺陷的认识。

（1）从国家垄断的角度分析。国家垄断是指法律规定由国家直接投资、经营，禁止国家政府以外的法人、自然人进入。国家垄断的本质：首先，国家垄断主体是国家，以法律为依据，借助国家的中央政府行政权力职能实施垄断效果，故国家垄断也是法定垄断。其次，国家垄断是行政垄断。从内涵来看，国家垄断是行政垄断的一种表现形式，具有行政垄断的基本特征，即指用行政权力管住市场准入，使一个市场只允许一家企业独家经营或少数几家企业垄断经营的市场结构。再次，国家垄断不等同于行政垄断。国家垄断是行政垄断，但绝不等同于行政垄断，二者的区别有三个方面：①垄断的法律性质不同，国家垄断是由法律赋予的垄断权力，而行政垄断是行政机关凭借行政权力实施的垄断；②国家垄断根源于国家的整体利益和公共利益，而行政垄断有可能根源于局部利益和个人利益；③垄断的主体不同，国家垄断的主体是国家，而行政垄断的主体则有可能是指除中央政府以外的地方行政机构保护和支持本地利益实施的垄断。最后，在一定条件下，国家垄断能够演化为地方行政垄断。在中央政府把经营某种业务的特权下放到地方政府，而这些地方政府又出自本地垄断利益时，国家垄断就演化为地方行政垄断。中国的行政垄断与之有直接的关系。

（2）国家垄断的适用范围。①涉及国家安全的产业。如需保密的高科技产业、军工产业等与国家安全相关的重要产业，不宜民间介入。②公共产业。某些公共产品与国民生活息息相关，可以适用国家垄断。如国家对那些技术极其复杂、建设周期长、资金投资巨大、经营风险很高但公共产品不可或缺的、一些私人又不宜投资的产业，这类行业自身通常具有网络性和规模效应，如水、电、气等运输配送产业，其投资巨大，私人难以承受，同时这些产业的平均成本和边际成本总是随产量增加而下降，故由国家垄断经营可产生规模效应，还可弥补公共产品供应的不足。

国家垄断的适用条件为：①经济欠发达，财政收入主要源于垄断收入时。如果一国的产业不发达，国家税收难以支持国家机关的运转开支，这时国家垄断收入将为财政收入提供重要支持。②财政出现危机时。在国家财政收不抵支，面临困难时，可考虑采取国家专卖，利用专卖专营手段，对部分民生类商品实施国家垄断获取垄断收益进行弥补。如汉武帝时期因征战耗费巨大，故而对盐、铁实施禁榷制度。这种情况下的国家垄断是一种临时性的应急方案。③国家垄断净收益巨大时。国家垄断的出发点在于维护全民的利益，国家在履行公共管理职能时会产生巨额开支，除了征税外，可采取国家垄断获得垄断收益进行弥补，取之于民，用之于民。如禁榷制度的沿革历经千年，其范围和方式发生了巨大变化，但对盐这一商品实施垄断却未曾改变。正是由于盐是生活必需品，缺乏需求价格弹性，垄断盐的经营可产生巨额利润。④市场混乱时。当市场混乱、假货横行使整个行业利润率低下而挫伤厂商生产积极性时，可能导致该产业的产量萎缩，这时国家可对其垄断经营确保商品供应，待市场秩序恢复正常后再逐步退出垄断。

中国烟草专卖制度属于明显的国家垄断，但在当前环境下，中国烟草专卖制度已经与国家垄断的适用范围和条件严重不符。首先看国家垄断的范围。烟草产业既不属于国家安全产业，也不属于具备网络规模效应性的公共产品供应业，并没有实施国家垄断的必要性。其次看国家垄断的适用条件。一是近年来，中国烟草产业的税收占国家税收的比重日益下降，目前仅略超7%，已难成为国家财政收入的主要来源；二是当前中国的财政收入尚未出现严重危机，即使存在，国家也可凭借良好的国家信用发行国债以渡难关，无需烟草专卖制度作为应急方案；三是中国烟草专卖制度成本超过制度收益，净收益为负，若维持下去将为社会造成更大损失；四是当前中国的市场经济法制秩序已比较健全，各类商品市场秩序稳定，无须对烟草产业实施专卖保证烟草制品的有效供应。总之，中国烟草产业既不在国家垄断的适用范围之内，也不满足国家垄断的适用条件，因之可以对其实施“去专卖化”改革。

（3）当前中国烟草产业专卖管制制度自身缺陷的分析。缺陷一：政企合一的管理架构。中国烟草产业管制制度下政企合一的管理架构在初始设计上就存在重大缺陷，比“管制俘获”理论所阐述的后果更加严重。“管制俘获”理论阐述的是国家设立管制机构管制某一类产业，会使这些产业的企业联合起来对管制者进行游说，从而使管制者制定的管制政策偏向于或有利于被管制企业。中国烟草专卖制度所产生的后果比“管制俘获”更加严重。由于政企不分，“两块牌子，一套人马”，国家烟草专卖局既要承担烟草产业的管制职能，又要承担国有企业保证税利增长的职能，中国烟草产业和其管制机构在制度设计时就是利益共同体。这种利益共同体既不是管制的“俘获”理论所指的政府管制机构在所谓“政府管制的市场”下被垄断企业“俘获”的结果，更不是政府管制机构为图谋控制某市场而选择与垄断企业“结盟”的结果。因为“管制俘获”只是表明了市场经济条件下政府管制所可能存在的一种缺陷，而国家与产业结盟从来就不符合政府管制某一产业的根本意图和基本的政策逻辑。事实上，烟草企业和烟草专卖局所结成的利益共同体并不是两者或者任何一方行为的结果，而是国家烟草专卖制度的设计缺陷。正因为中国烟草专卖制度的设计缺陷，使管制机构与垄断企业从一开始就结为利益共同体，联手维护自身的垄断利益。例如，近年来某些卷烟厂推出的“天价烟”，每条动辄一二千元，内中暴利惊人。这种昂贵的“礼品烟”，已成为社会的“腐败剂”和寻租的“敲门砖”，但由于生产者所获得的利润可观，烟草专卖局所获得的利税可观，于是后者听之任之，让其大行其道，腐蚀社会。在这里，政企合一的专卖管理架构，已使专卖管制机构丧失了必要的管制职能。

缺陷二：省级为主的管理层次。中国烟草产业现行的管制管理组织是按行政区域设置，并以省级管理为主。国家烟草专卖局下达的各种计划，主要靠省级专卖局落实；需要收集的各种信息，主要靠省级专卖局汇总；省际的调拨和磋商，主要靠各省专卖局自行沟通。在这种组织架构下，省级专卖局既受命于国家专卖局，同时又不得不听命于地方政府，为地方烟草经济的发展和烟草财税的增长竭尽全力，甚至为保证本地烟草产业的发展而与上博弈，与邻相争，不惜封锁市场、保护落后。而烟草计划的制订程序和财税的分配办法，又为省级政府和省级专卖局实施“地方专卖”提供了可能和可行。计划制订前的自下而上的信息收集和下达前的自上而下的协调沟通，为地方的讨价还价提供了博弈空间；计划指标的多寡与地方的税收分成及税收返还息息相关，使地方形成了顽强的“专卖指标刚性”和保护本地烟草经济的强大动力。在此组织设计中，国家烟草专卖局制度设计的初衷——提高烟草产业的绩效，保证国家的财政收入无法实现，而被某些地方对落后烟草产能的保护、对地区市场的封锁而冲淡，失去了国家专卖应有的含义和职能。

缺陷三：远离市场的计划管理。烟草专卖制度下的计划管理，如波兰经济学家兰格在20世纪60年代与哈耶克等西方学者关于计划经济的大论战中所强调的那样，是通过“试错”方式来实现计划的优化和资源的有效配置，也就是根据上年计划目标与实际完成结果两者之间的差距信息，来修正、调整和制订新的计划，从而不断地逼近“最优计划”。但这种远离市场的理想化的计划设计，已在实践中被证明无效。其原因有三：一是高度集中的计划的科学制订，有赖于完善、及时、准确的市场信息反馈，而市场的瞬息多变，使计划永远处于滞后状态，过剩和短缺交替出现，总量和结构无法均衡；二是地方的“专卖指标刚性”，使计划部门只能做增量而无法做存量调整，最终计划的形成，往往是各方博弈妥协的结果，而不是效率最大化的产物；三是21世纪以来，虽然推行了按客户订单组织货源，向贴近市场迈进了一步，但在计划占据主导地位的大背景下，市场只是计划的“伴娘”，依然无法摆脱服从和顺从计划的羁绊，计划依然高居于市场之上，行使着其无上的权力，效率依然有根本的提升，国家专卖继续扮演着“市场异物”的角色。

缺陷四：行政垄断的激励机制。现有的烟草专卖制度，产生了行政垄断的激励机制和固化机制（杨兰品，2005）。①激励地方行政垄断。财税分配改革对地方行政垄断具有激励，地方财政收入与当地烟草工业企业产量密切相关，导致地方政府依靠行政权力排斥外地烟草制品进入本地销售，从而腾出更多的本地市场供本地烟销售，造成典型的行政垄断。②固化产业行政垄断。烟草产业因垄断而获得的高额利润、烟草员工因垄断而获得高薪待遇，产生了比其他竞争性行业更丰厚的既得利益，这种既得利益会固化现有的产业行政垄断，为维持现有利润和工资薪金分配格局，烟草产业自上而下必然极力排斥竞争，强力维护产业行政垄断地位。③激励企业行政垄断。在当前制度安排下，垄断必然获得高额利润，因此烟草企业不愁市场，不求利润，只满足于追求计划任务的完成，更多地采用行政手段激励，依靠考核强制推行计划，使生产经营行政化。

上述地方行政垄断、产业行政垄断和企业行政垄断，溯源于国家行政垄断，然而却又变异于国家行政垄断，形成了一个个彼此独立的“王国”，割裂了全国一盘棋的有机联系，使国家垄断的制度绩效迅速衰减。

综上所述，中国烟草产业专卖制度自身的缺陷，决定了其改革目标必然是“去专卖化”。

7.3.3 中国烟草专卖制度在改革变迁过程中的成本收益分析

制度变迁的成本收益分析。制度变迁的动因是制度成本（Cowling， Mueller，1978）和制度收益之间关系的变化，新旧制度的成本和收益与变迁成本之间存在如下关系：即当（R_1-C_1）>（$R_0-C_0+C_2$）或［（R_1-C_1）-（R_0-C_0）］>C_2时，制度变迁才会发生。其中R_1为新制度的潜在收益，R_0为旧制度收益，C_1为新制度成本（建立成本和实施成本等），C_0为旧制度成本（含已沉淀的建立成本以及运行成本和维护成本等），C_2为制度变迁成本，具体包括：①新制度推广成本；②新制度学习适应成本；③新制度寻租成本；④既得利益者损益成本；⑤旧制度退出成本；⑥新旧制度相容成本；⑦新、旧制度自保成本等。上述各项变迁成本，与制度变迁时间的长短密切相关。

（1）中国烟草产业管制制度渐进式改革的变迁成本。渐进式改革的含义：渐进式改革是先易后难的改革方式，改革从制度外延逐步过渡到制度内涵（杨依山，刘宇，2009），在旧制度的框架内渐进、逐步地对旧体制进行制度改革。其策略是“摸着石头过河”，路径取向是先易后难，最后攻坚。由于改革逐步深化，旧制度的组成部分不断地被新制度的组成部分所置换，在较长时间内，新旧两种制度将长期处于共存以及此消彼长的状态，直至最终建立起符合市场化要求的新制度框架。

渐进式改革的变迁成本特征：由于渐进式改革时间跨度较长，故新制度推广成本、新制度学习适应成本、既得利益者损益成本和旧制度退出成本等变迁成本与变迁时间的长度成反比，而新制度寻租成本、新旧制度相容成本、新旧制度保护成本等变迁成本与变迁时间的长度成正比。

（2）激进式改革的变迁成本。激进式改革的含义：激进式改革，即一步到位的改革，又被称为“休克疗法”。激进式改革的路径完全不同于渐进式改革，它采取彻底打破旧制度框架，再一次性地建立新制度框架的方式，用较短时间把旧制度彻底消除，迅速构建起新制度的框架。在这种改革方式下，新旧两种体制此消彼长的过程非常快，较少发生重叠交叉的现象，所以是一种显著的社会变革，是根本性质的变革，是旧体制向新体制的突变或飞跃。

激进式改革的变迁成本特征。由于渐进式改革时间较短，因此新制度寻租成本、旧制度退出成本和新旧制度相容成本因新旧制度迅速更替会变小，而新制度推广成本、新制度学习适应成本、既得利益者损益成本和旧制度退出成本等变迁成本会变大，因为人们无法在短期内迅速适应制度剧变带来的巨大落差。

（3）中国烟草产业管制制度改革的变迁成本。中国烟草专卖制度改革目标为“去专卖化”，因此最先影响的是烟草行业和地方政府的既得利益。取消专卖制度以后面对国内外竞争，将使烟草行业面临巨大挑战，可能导致其利润下滑，进而导致烟草产业员工收入下降；地方政府的烟草税收格局也将发生巨大变动。上述两方面的成本属于既得利益者损益成本和旧制度退出成本，也是当前“去专卖化”改革的主要成本。而“去专卖化”以后的烟草产业将实行普遍的市场经济制度，该制度是一项成熟的制度，即表明变迁成本中的新制度推广成本、新制度学习适应成本、新制度寻租成本已经沉淀，可不做考虑。加之烟草专卖制度与大部分国民无直接利益冲突，即使是烟民也对是否专卖并不关心，故新旧制度相容成本和新旧制度自保成本较小。总之，和将是中国烟草专卖制度变迁的主要成本。

假设新旧制度的净收益不变，推动制度变迁就要使不等式［（R_1-C_1）-（R_0-C_0）］> C_2右边的C_2值变小，即要努力降低既得利益者损益成本和旧制度退出成本，而渐进式改革可以有效延长制度变迁时间，从而使二者成本降低，故中国烟草专卖制度的改革方式应为渐进式。

7.3.4 当前中国烟草产业管制制度渐进式改革的路径：渐进式变迁

中国烟草产业烟草专卖制度改革的设计。前已论及，现行烟草专卖制度存在的根本弊端有三，即政企合一、计划管理和财税体制。此外，依据专卖的国家垄断的本质含义，对现行烟草专卖制度的制度缺陷又做了进一步的剖析。按照渐进式去专卖化的改革基本思路，笔者以为中国烟草专卖制度的未来改革，首先在于按照国家垄断的真正含义，将现行烟草专卖制度“认土归宗”，实现真正意义上的国家专卖（也即许多学者提出的坚持国家专卖制度下的改革），然后再通过去专卖化将国家行政垄断转化为托拉斯经济垄断。按照这一思路，下一步改革应以破除政企合一和“地方专卖”赖以生存的财税体制为突破口，至于计划管理之弊端可暂且搁置，因为未来去专卖化后，新的烟草托拉斯的内部管理仍然要实施严密的计划，这一专卖制度下的内部管理运行方式在新经济主体中仍然有其使用价值。

（1）政企分开。政企分开即在烟草产业工商分设之后，有必要对烟草专卖局（公司）的职能进一步分割，将其批发经营职能和行政执法职能分开。这项改革包括两个内容：一是烟草商业企业分离出的行政执法人员安置，二是烟草商业企业的发展方向。

原因：①政企分开才能彻底打破地方保护。一是由于烟草专卖法规定，省市烟草专卖局受当地人民政府和上级烟草专卖局双重领导，并以后者为主。在烟草商业企业政企不分的情况下，地方政府对烟草商业企业的行政管理影响仍然存在，因此地方政府可以通过对烟草商业企业下达命令的方式，要求商业企业确保省产卷烟在本省销量的增长，这种地方保护无法依靠工商分家解决，只有通过将烟草专卖局和烟草公司之间划清界限，各司其职，才能得到彻底解决。政企分开之后，烟草专卖局执行行政执法职能，成为行政执法部门，退出经营领域。而烟草公司作为企业，只接受上级母公司的指挥安排，在合法经营的前提下，地方政府无法干涉其销售何种品牌卷烟。政企分开，方可彻底打破地方政府通过烟草专卖局施加压力保护本地工业企业。②中国烟草政企彻底分开，烟草企业真正成为相对独立的市场主体，才符合国际WTO贸易规则。WTO规定，企业不能成为或变相成为政府机构或政府的附属物。中国烟草业现行的专卖体制，使得各级烟草专卖局有双重身份，既代表政府部门成为实际上的行政垄断主体，又负责烟草企业经营活动者。这实际是从根本上违背WTO规则的。当中国烟草专卖局实施行政垄断行为与WTO规则不一致时，有可能受到有关WTO成员国的监督甚至报复，或者他们也不履行WTO的有关责任和义务，拒绝承担有关的承诺，很可能最终给中国带来巨大经济损失。③中国烟草业政企分开才能为有效执行《烟草控制公约》创造前提条件。但鉴于目前的政企不分体制严重阻碍了该公约的执行，致使烟草产销量不降反升，2002—2009年以每年3.79%的平均速度增加，中国2009年卷烟产量比2002年净增了5566亿支，显示出政企不分造成的尴尬局面。由于国家烟草专卖局一方面须参与控制烟草消费的任务，另一方面其作为央企，又必须承担国有资产保值增值、税利增长的任务。因此，在国家对其在控制烟草消费未设置考核的情况下，国家烟草专卖局必然选择税利保增长这一目标，如2010年烟草产业的目标为卷烟上水平，努力保持销量稳定和销售结构的提升，不涉及控烟工作，国家层面既未制定控烟规划，也未制定全国控烟法规。④政企不分增加制度成本。一是因政企不分，烟草工商企业之间、烟草上下级企业之间以及烟草产业与其主管部门之间的寻租成本不断发生，只有斩断行政职能与经营职能的关系，才能让企业真正面向市场经营，向市场寻销量而不是向相关部门或其负责人要计划、要销量，降低寻租所产生的制度成本。二是政企不分导致的地方分割增加了专卖管理成本，烟草商业企业每年为保证卷烟属地销售，防止“体外循环”，产生了大量的管制成本。政企分开，可以立即消除这两种成本，提高制度绩效。

措施：①调整职能，撤销机构。首先要划分职能，将烟草专卖局的行政执法职能与烟草公司的生产经营职能分开。《中华人民共和国烟草专卖法》中，应由政府承担的职能有：a.加强吸烟危害健康的宣传教育职能，倡导全社会控烟，禁止和限制公共场合吸烟。b.对烟草制品焦油标准及产品标示的管制，规定焦油含量最高标准，卷烟制品外包装须有吸烟有害健康的字样。c.广告管制，禁止在广播电台、电视台、报刊播放、刊登烟草制品广告。d.烟草制品商标保护，未经注册不得使用。e.行政许可职能，包括设立烟草制品、烟用丝束、滤嘴棒、卷烟纸、烟草专用机械等生产企业；销售卷烟纸、烟用丝束、烟草制品、烟草专用机械、滤嘴棒；运输卷烟纸、滤嘴棒、烟用丝束、烟草制品、烟草专用机械。剩下的生产经营方面职能，应由烟草公司负责，如烟叶收购、卷烟生产、销售、进出口、运输、设立销售网络和制定产品价格等与企业生产经营相关的业务。其次要在明确各自职能的基础上，按照各自的职能将国家烟草专卖局与中国烟草总公司分开，撤销国家烟草专卖局，将其原有的机构编制并入国家工商管理总局，作为工商管理总局下属的烟草专卖管理机构，继续履行烟草管制方面的政府职能，并在工商部门的指挥下增加对假烟走私烟的打击力度。中国烟草总公司负责生产和经营，统辖全国烟草工商企业，承担国有资产保值增值的任务。②人员安置。在利益分配方面，因分离出去的原属国家烟草专卖局的专卖管理人员工资与工商部门工资之间差异巨大，必然极力阻止政企分开。有两种办法可以解决，一是为不使这部分人收入受损，以减小改革阻力，可实施“新人新办法，老人老办法”。对因政企分开离开烟草产业的专卖人员，可使其继续享受中国烟草总公司同级别员工的同等收入待遇直至身故，其收入的差额部分由国家财政负担或中国烟草总公司负担。新进入工商管理局下烟草专卖管理机构的人员实行统一的公务员工资。二是分家不分人，即烟草专卖局撤销后，原有人员全部进入烟草公司。工商局下新设的烟草管制机构由国家招录公务员充实。③修改法律。烟草专卖法中的许可证管理制度必须加以修改。应授予中国烟草总公司拥有国内唯一的卷烟生产权以及卷烟经营权，今后国内不再新设卷烟厂和卷烟经营企业，并且不论国内外烟草制品均由中国烟草总公司独家经营，继续维持烟草产业专营的格局。

（2）财税改革。财税体制改革的目标，就是要改变现行的烟草税收分配关系，彻底割断地方政府与地方烟草工业企业的利益纽带。

原因：烟草专卖制度的特征是计划分配与烟草财税体制的交织，由此产生了地方保护，市场分割。在“基数固定，增长分成”的中央与地方财政分配模式中，烟草消费税和增值税纳入地方财政分配体系。1994年分税制改革之后就形成了地方行政保护的烟草财税体制。烟叶税、城市维护建设税、部分增值税、教育费附加、地方企业所得税等纳入地方收入，直接影响产烟区、制烟区、销烟区税收返还额的大小。同时，因烟草专卖法规定卷烟产量必须与卷烟生产计划一致，有多少计划方可生产多少卷烟。故在地方利益的驱动下，地方政府会尽其所能要求增加本地卷烟工业企业生产计划，由此直接阻碍烟草工业企业跨省重组，做大做强。为此有必要对现行烟草税制进行调整，大幅降低地方财政收益与地方烟草工业企业的利益关联度。

措施：①改革烟草税制。将烟草增值税和烟草消费税从地方政府财政返还的计算公式中剔除；将烟草烟叶税、烟草企业所得税、消费税和增值税改为中央税。②中央买断地方烟草税收。为保障地方政府财政收入不因烟草税制改革而下降，中央政府以地方政府近三年所获得烟草税收及财政返还总额的平均值为基数，每年由中央财政拨付给地方政府，这笔经费与全国物价指数联动，每年进行相关调整。

（3）未来中国烟草托拉斯的基本组织设置。因政企分开，烟草商业企业的专卖行政执法职能被剥离，成为专门的批发公司，继续按原有的行政地域为原则设立批发公司不再合适。同时随着烟草财税体制改革，烟草工业企业与地方政府的利益关系彻底割断，为烟草工业企业开展跨省重组扫清了障碍。在这种情况下，进一步实现烟草产业的集中，应该建立中国烟草托拉斯，即中国烟草集团总公司。中国烟草托拉斯将全面整合烟草工业企业和商业企业的职能，一方面取消各省级中烟工业公司的法人地位，收回全国卷烟厂的管理权限，实行关停并转，保留下来的卷烟厂附属于中国烟草集团下属的中国烟草工业公司；另一方面转变卷烟商业企业职能，收回其经营权，将其改造成现代烟草物流企业，附属于中国烟草物流公司，专门负责全国卷烟的大配送。同时在中国烟草集团下，新设立其他专业子公司，负责集团总公司相关业务的运营。

在新的母子公司设置下，中国烟草集团总公司负责烟草产业的战略规划制定，集团下属各子公司各司其职。具体分工如下：工业公司负责卷烟生产计划安排；原料公司专职经营烟草生产相关原辅材料；机械公司经营烟草生产设备；销售公司负责国内外烟草制品的销售；进出口公司负责烟草制品进出口业务；物流公司负责产品销售的配送；投资公司进行多元化投资。各公司各司其职，在集中的同时合理分权，可以提升烟草专营的效率。

以上政企分开、财税改革和建立烟草托拉斯的对策看起来是在完善和坚持烟草专卖制度，实际上是去专卖化的重要步骤。如果政企不分开、财税体制不改革，地方利益和烟草工商企业纠结在一起，根本无法去专卖化，如果不建立烟草托拉斯，去除专卖化后烟草产业的竞争力依旧无法与国际烟草巨头抗衡，因此上述建议实则是去专卖化的重要步骤。

（4）政府责任。政企分开、财税改革、中国烟草集团总公司建立之后，原《中华人民共和国烟草专卖法》所规定的原有烟草专卖局行使的职能，应由政府继续履行。同时中国烟草托拉斯资产规模巨大，权力集中，在与产业链的相关利益者交易时拥有定价权，可能损害相关利益主体，如烟农、零售商、消费者的利益。这时，国家对烟草产业的管制应由过去直接的计划管理、制定价格转为反垄断视角的管制，运用税收手段对其利益进行调控，同时积极运用反垄断法的相关规定保护消费者及相关利益者的利益，尤其是烟农的利益。

行政监管烟草产业属于特殊产业，即使取消专卖后政府依然须对其进行严格的管制，这也是国际惯例。在生产经营交由烟草托拉斯负责后，政府须承担从原国家烟草专卖局剥离出的行政监管职能。

所列的行政许可、对烟草制品焦油标准及产品标示的管制、广告管制、烟草制品商标保护以及宣传教育等职能。国家可将上述职能分解至各相关管理部门，如将行政许可、商标保护职能交予工商局；将烟草制品焦油标准及产品标示的管制职能交予食品药品监督管理局；将广告管制职能交予国家广电总局和其他媒体管制部门；将宣传教育职能交予卫生部门。事实上，这些部门职能原本就包括了上述对烟草业的相关监管职能，只是因为烟草专卖局的存在而导致监管职责不明晰或未发挥主要作用。

（5）构建“税收、利润与价格”的联动机制。“税收、利润与价格”联动机制是采取税收与利润或者价格变化同向的联动方式使烟草托拉斯获得平均利润。如果烟草制品价格上升，或利润上升，则相应提高税收，反之则降低税收（若价格和税收不变，则可通过上缴利润的多少进行调节）。“税收、利润与价格”联动机制还可使烟草托拉斯失去以上游压价、下游提价方式获得更高利润的冲动，避免在烟叶收购和卷烟销售环节损害烟农和烟民的利益。

（6）保护烟农。烟草产业政企分开、财税改革后，原本由国家烟草专卖局制定的烟叶收购价格完全移交给烟草托拉斯制定，在与烟草托拉斯签订烟叶种植合同时，烟农依然没有定价权。同时，作为纯企业，烟草托拉斯很可能压低收购价格导致伤农。因此，应该借鉴国际烟叶交易市场交易规则，由政府引导逐步建立若干烟叶交易中心，同时引导建立第三方的烟叶分级评价机构。机构中从事烟叶评级的人员应由国家组织考试并颁发烟叶评级职业从业资格证书方可执业。烟农和烟草公司通过国家设立的烟叶交易中心进行公开交易，拍卖定价，这样烟农的利益才有保证。

总之，在烟草托拉斯完成机构设置和开展业务之后，则可考虑取消烟草专卖制度。通过上述制度设计，即政企分开、财税改革、建立托拉斯、完善政府监管、取消烟草专卖制度，新制度可以获得更高的绩效。

新的制度安排，实质上是政府管制下的经济型垄断，其制度成本为寻租成本、无谓损失、X 低效率损失、（国家烟草专卖局取消后）政府新增职能成本。烟草专卖制度取消后的中国烟草产业格局是以托拉斯为主的寡头垄断市场，竞争程度高于专卖制度下的完全垄断市场。中国烟草托拉斯尽管存在对政府的寻租可能，但因其组织机构层次大为减少而降低了上下级之间寻租成本，又因切除了烟草业与地方的利益联系而消除了原省局（地方政府）与国家烟草专卖局之间的寻租成本，同时因托拉斯的高度集权，未来的烟草工商企业已不是独立的经济利益主体，而只是托拉斯内部计划的执行者，原烟草工商企业之间的寻租成本得以消除，故总的寻租成本得以降低；无谓损失会因竞争程度加剧而降低；X 低效率损失会因烟草企业的跨省重组、卷烟消费市场统一而降低；原专卖管理成本因取消专卖而消除，而剥离出来的原烟草专卖局的职能被分解至其他部门履行，这些政府部门相应地增加对烟草业管制，只是在其众多监管内容基础上又增加一个内容而已，工作程序、组织人员皆可不变，其增量成本很低。故从理论上来说，新的烟草管制制度成本低于原烟草专卖制度成本。

同理，新制度的收益包括政府控烟收益、少偷逃税款收益以及烟草的超额垄断利润和保护烟农收益。新制度安排的收益与烟草专卖制度的收益结构相同，只是产生的主体发生改变，前两者由烟草托拉斯企业产生，后两者由政府产生。中国烟草托拉斯因对全国烟草资产进一步重组，必然提高其规模效益和竞争力，仅成本和交易费用的降低就能转化为巨额的利润，产生超过烟草专卖制度的超额垄断利润。烟草托拉斯依然是国有独资企业，同样具有少偷逃税款的制度收益；政府控烟收益因烟草政企分开而更加具有实效，以卫生部门为主的相关控烟部门因消除了烟草专卖局这一搅局者可使控烟努力更有实效，提高了控烟收益；烟农收益因切断了地方政府对烟叶种植的干涉、引入烟叶拍卖制度和第三方评级制度而提高。故从理论上来说，新的烟草管制制度收益高于原烟草专卖制度收益。

8 结　论

中国现在吸烟率为31.4%；非吸烟者的51.9%遭受被动吸烟的危害。随着经济的发展和人民生活水平的改善，中国人口的不断增长，新的吸烟者使烟民队伍不断扩大。到2015年，中国在世界烟草消费中所占的比例将增加到45%，增加约850万名吸烟者。中国农村贫困地区烟草支出在家庭的预算中占了很大比重，吸烟使贫困家庭生活水平进一步恶化。2003年中国签署《烟草控制框架公约》（以下简称《公约》），2005年8月，人大常委会表决批准该《公约》，尽管吸烟和反吸烟的对立和斗争从未间断，实际结果是禁者自禁，吸者自吸，烟草为越来越多的人所接受，成为一种社会性的嗜好品。

本书在这种背景下运用产业的管制经济学和制度经济学等传统西方经典经济理论，通过重点探讨中国烟草管制制度的变迁及其完善路径为基本视角来分析中国烟草产业管制的现状和问题，尝试从行业自身和外部环境层面提出制度变迁的政策建议。

8.1　中国烟草产业的管制变迁必须有相适应的烟草税制

烟草作为一种流行程度比较广泛、大家普遍消费的嗜好品，加之巨大的产业利益，包括政府税收、企业利润、社会就业、农民收益等形式了维持烟草产业生存的强大利益激励，贸然禁止会遇到很大的阻力，政策成本会相当高，从而成为控烟政策的巨大阻力。然而，现阶段，政府不通过法律手段禁烟，并不意味着认可它的持续发展，因为烟草毕竟是有害于人类健康的物品。政府可以采取经济手段特别是寓禁于征的重税政策以及科学的烟草征税制度来抑制这种物品的消费，逐渐减少烟草蔓延的趋势。

这里特别指出的是，利益是个指挥棒，如果地方政府能够从烟草业中获得的利益越来越小，它们就会减少扶持烟草业的兴趣，也自然而然地把注意力转移到别的行业。因此，把一切与烟草业有关的税收收入都划归中央，使地方政府的财政收入与烟草业完全脱离关系，势必大大降低地方政府扶持烟草业的热情，使地方政府把发展经济的着眼点从烟草业这个危害人类健康的产业上移开，把政府的精力和社会的资源转移到有利于人类健康生存的行业。这就从财政体制的角度，减少了控烟过程中来自地方政府的阻力，也就飞过了烟草产业经济博弈中最难以跨越的鸿沟，为中国烟草制度变迁的顺利进行奠定了坚实基础。

8.2 中国烟草产业管制变迁中的利益博弈秩序有待规范

诸如，烟草种植及烟叶收购环节的博弈；已收购烟叶调拨环节和卷烟制品调拨环节的博弈；卷烟制品生产环节的博弈；卷烟制品批发环节的博弈；卷烟制品零售环节的博弈，等等。并且这些博弈愈演愈烈，成本越来越高。特别是各地方政府从本地财政税收收入最大化的角度，用许多优惠政策扶持本地烟草企业的发展，导致某些卷烟市场竞争力差的产品和企业却能较好地规避卷烟市场的残酷竞争，严重影响和制约中国整个烟草产业的市场效率和经营业绩。中国烟草产业自新中国成立以来各时期，特别是建立专卖制度以来，由于博弈关系的复杂化，彼此各方若干次对利益讨价还价的争夺更加剧烈，博弈主体的双方或者多方之间无可避免提高交易成本，而这些交易成本的高低实际就是制度成本的高低，同时也决定了制度效率的高低。所以，这些复杂多重的博弈利益关系进一步阻碍了现行烟草专卖体制的运行效率，从而加大了现行整个烟草产业链的运行成本，至于控烟以及烟草产业从人类益处开发的进展更无从谈起。

8.3 管制下的中国烟草产业成本超过收益

中国烟草自1998年以来就出现了制度成本超过收益的局面，中国烟草产业专卖制度必须进行进一步变迁改革。但在该制度的设计完善过程中，重新考察当前烟草专卖制度的有关理论依据，为将来确立更好的制度设计改革路径提供理论支撑。我们应注意到：

首先，中国烟草产业在为国家积累了坚固的财政基础的同时，专卖制度下大幅增长的卷烟产销量也给广大烟民带来了大量的致病医疗支出，至于给吸烟致病导致的生命健康质量损失、给这些致病者家庭的幸福和谐损失、给国家带来的劳动力损失、给社会资源无效配置损失等都无法或很难用可计价的经济损失来计算。现行财税利益最大化的烟草专卖制度与控制烟草消费总量的目标背道而驰。因此，中国烟草专卖制度的存在能稳定财政税款的论调不符合科学发展观，不符合可持续社会发展潮流。

其次，中国专卖制度下的烟草企业创造的税收之外的利润也是很多的。但是这些利润大多靠这种专卖制度的垄断产生，垄断为烟草产业带来的收益，更多地留在了烟草企业，谋取的是行业利益。

最后，降焦减害是国际各烟草制品生产商经过几十年的科研努力证明行不通的，这已是国际共识，而且至今持续的该项目的研究也没有取得任何进展，由此，专卖制度下降焦就能减害的观点是错误的，该论调与烟草专卖制度无关。

总之，要以科学发展观的角度全面看待专卖制度下烟草产业的成本收益问题，既要照顾当前，还要考虑未来，做好烟草产业管制制度的设计完善工作。

8.4 中国烟草产业管制的变迁路径应采取渐进式方式去专卖化

根据各国烟草管制制度变迁的历史经验，应在原有烟草专卖的前提下，逐渐实施政企分开，根本上变行政垄断为烟草产业经济垄断，在烟草经济垄断正常运转并取得良好绩效后，逐渐创造条件取消烟草专卖制度。尽管如此，政府还应该保留对烟草产业的适当管制，并进一步保护烟农的利益，建立烟叶拍卖中心，引导建立第三方烟叶评级机构等，最终实现制度收益大于制度成本，并达到最大化制度收益。无论怎样，在中国烟草管制制度变迁的过程中，应吸取有益的国内外控烟政策，最大限度地减少烟草危害，保证制度变革的阻力和成本最小。

结论：当前中国烟草行业已进入改革与发展的关键时期，就目前的情况而言，取消烟草专卖制度的条件并不具备，一是国内市场经济机制还不成熟；二是烟草行业综合竞争力较弱，无法与国外厂商展开同台竞争；三是中国仍处于社会主义初级阶段，需要大量的资金用来发展经济，烟草行业的税收目前占国民收入的比重仍然很高，短期内也不可能降下来。因此，现阶段烟草行业变革是在维护和完善专卖专营体制下的变革与发展，同时考虑为今后适当时候取消专卖专营制度做好准备。在不根本改变政治体制和烟草专卖体制的前提下，对烟草的生产、营销进行局部的、符合市场经济的调整和改革，摸着石头过河，逐步创造条件并待时机成熟时再取得改革的重大突破。一句话，稳定的改革必然是费用最小的改革，因而也是有效的最易成功的改革。这条经验已经在中国许多行业的制度变革中得到印证，烟草行业也不例外。

参考文献

［1］ ATKINSON A B, SKEGG J L. Anti-smoking publicity and the demand for tobacco in the UK [J]. The Manchester School of Economic and Social Studies, 1973, 41： 265-282.

［2］ MAS-COLELL A, WHINSTON M,GREEN J. Microeconomic Theory[M].Cambridge,Mass.: Harvard University Press,1995：436.

［3］ MAS-COLELL A, Microeconomic Theory[M]. Cambridge,Mass.: Harvard University Press, 1995：358.

［4］ BAUMOL B,BRADFORD D. Optimal departures from marginal cost pricing.American[J].Economic Review, 1970, 60： 265-283.

［5］ BECKER G S, GROSSMAN M, MURPHY K M. An empirical analysis of cigarette addiction [J].American Economic Review, 1994, 84(3)： 396-418.

［6］ CHALOUPKA F J. Rational addictive behavior and cigarette smoking[J].Journal of Political Economy, 1991, 99 (4)： 722-742.

［7］ CHALOUPKA F J, GROSSMAN M. Price, tobacco control policies and youth smoking [R].National Bureau of Economic Research Working Paper, 1996 (9).

［8］ CHALOUPKA F J, WECHSLER H. Price, tobacco control policies and smoking among young adults[J].Journal of Health Economics, 1997, 64(2)： 503-516.

［9］ CHALOUPKA F J, SAFFER H. Clean indoor air laws and the demand for cigarettes[J]. Contemporary Policy Issues, 1992, 10(2)： 72-83.

［10］ CHALOUPKA F J, PACULA R L. Limiting youth access to tobacco： the early impact of price on youth smoking：Working Paper [R]. Chicago：University of Illinois. Department of Economics , 1998.

［11］ CHAPMAN S, WONG W L. Tobacco control in the third world： a resource Atlas[D]. Penang, Malaysia： International Organization of Consumers Unions, 1990.

［12］ COX H, SMITH R. Political approaches to smoking control： a comparative analysis[J]. Applied Economics, 1984, 16(4)： 569-582.

［13］ NORTH D C. Institution, institutional change and economic performance[M]. Cambridge:

Cambridge University Press,1991：27.

[14] NORTH D C. Institutional change： a frame-work of analysis[J]. Economic History, 1994,1.

[15] CUTLER D M, GLAESER E L. Why do Europeans smoke more than Americans [J]. NBER Working Paper, 2006(3)：5.

[16] DIAMOND P A, MIRRLEES J. Optimal taxation and public production I： production efficiency, and Ⅱ： taxation rules [J].American Economic Review, 1971(61)：8-27, 261-278.

[17] DIAMOND P A. A many-person Ramsey tax rule [J]. Journal of Public Economics, 1975(4)：227-244.

[18] FARRELLY M C, BRAY J W. Office on smoking and health, response to increases in cigarette prices by race/ethnicity, income, and age groups-United States, 1976-1993[J]. Morbidity and Mortality Weekly Report, 1998, 47(29)：605.

[19] FARRELL M J. Irreversible demand functions[J]. Econometrica, 1952 (20)：171-186.

[20] FRAND J，CHALOUPKA, KENNERH E W. The economics of smoking [J].NBER Working Paper, 1999, 3(118).

[21] STIGLER G J. Theory of economic regulation[J]. Bell Journal of Economics, 1971.

[22] BECKER G S, MURPHY K M. A theory of rational addiction [J].The Journal of Political Economy, 1998, 96(8)：675-700.

[23] GROSSMAN M, COATE D, LEWIT E M, SHAKOTKO R A. Economic and other factors in youth smoking [D].National Science Foundation, 1983.

[24] GREIF A,LAITIN D D. A theory of endogenous institutional change[J]. American Political Science Review, 2004,(98)4.

[25] SAFFER H. Tobacco advertising and promotion： Tobacco control in developing countries [M]. New York：Oxford Press,2000.

[26] HOUTHAKKER H S，TAYLOR L D. Consumer demand in the United states, 1929-1970：Analyses and Projections [M].2nd Ed.Cambridge,Mass.： Harvard University Press, 1970.

[27] GRUBER J. The economics of tobacco regulation [J]. Health Affairs, 2002, 21(2)：146.

[28] JASON L A, BILLOWS W D, SCHNAPPS-WYATT D L, KING C. Long-term findings from Woodridge in reducing illegal cigarette sales to older minors[J]. Evaluation and the Health Professins, 1996, 19：3-13.

[29] NASH J F. Equilibrium points in n-person games[J]. Proceedings of the National Academy of Science of USA, 1950, 36：48-49.

［30］ HARSANYI J C. Games with incomplete information played by ‘bayesian’ players[J]. Management Science, 1967, 14： 159-182.

［31］ COWLING K, MUELLER D C.The social cost of monopoly power [J].Economic Journal, 1978 (88).

［32］ LEWIT E M, COATE D, GROSSMAN M. The effects of government regulation on teenage smoking [J]. Journal of Law and Economics, 1981, 24(3)： 545-569.

［33］ LAFFONT J J, Tirole J. Jute politics of government decision-making： a theory of regulatory capture [J]. Quarterly Journal of Economics, 1991(106).

［34］ VOGELSANG L,FINSNGER J. A regulatory adjustment pros for optimal pricing by multi product monopoly firms[J]. Journal of Bell, 1979.

［35］ MASAHIKO A. Indigenizing institutions and institutional changes[J]. Journal of Institutional Economics, 2007, 1(3)： 1-31.

［36］ KIDD M P,HOPKINS S. The hazards of starting and quitting smoking： some Australian evidence [J].Economic Record, 2004, 80(249)： 177.

［37］ MULLAHY J. Cigarette smoking： habits, health concerns, and heterogeneous unobservable in a micro econometric analysis of consumer demand [D].Charlottesville,VA.： University of Virginia, 1985.

［38］ ORPHANIDES A. Servos durational addiction with learning and regret [J]. Journal of Political Economy, 1995, (103)： 739-758.

［39］ DIAMOND P A, MIRRLEES J. Optimal taxation and public production I： Production efficiency, and II： Tax rules [J]. American Economic Review, 1971, 61： 8-27; 261-278.

［40］ POLLY R A.The intertemporal cost of living index[J]. Annals of Economic and Social Measurement, 1975, 4(1)： 23-26.

［41］ RAMSEY F P. A contribution cost of the theory of taxation [J]. Economic Journal, 1957(37)： 47-61.

［42］ SCHMALENSEE R, WILLIG R D. Handbook of industrial organization [M]. New York： North-holland, 1988.

［43］ PELZMAN S. Toward a general theory of regulation[J]. Journal of Law and Economics of American, 1976(8).

［44］ SCHELLING T C. Economics, or the art of self-management [J].American Economic Review, 1978(68)： 290-294.

［45］ SURANOVIC S M, GOLDFARB R S, LEONARD T C. An economic theory of cigarette addiction[J]. Journal of Health Economics,1999(2).

[46] SWEANOR D T, MARTIAL L R. The smuggling of tobacco products： lessons from Canada [C].Ottawa ,Canada： Non-smokers rights association/smoking and health action foundation, 1 994.

[47] SCHNEIDER L, KLEIN B, MURPHY K. Government regulation of cigarette health information[J]. Journal of Law and Economics, 1981, 24： 545-612.

[48] THALER R, SHEFRIN H M. An economic theory of self control[J].Journal of Political Economy, 1981, (89)： 392-406.

[49] TOWSEND J L, et al.Cigarette smoking by socioeconomic group, sex, and age： effects of price, income, and health publicity [J].British Medical Journal, 1994, 309(6959)： 923-926.

[50] TOWNSEND J L.U K smoking targets： policies to attain them and effects on premature mortality[M]//ABIDJAN I, van DEER MERWE R, WILINS N, JHA P. The economics of tobacco control： Towards an optimal policy mix.Cape town,South Africa： Applied Fiscal Research Centre, University of Cape Town, 1998.

[51] TREMBLAY C H, TREMBLAY V J.The impact of cigarette on consumer surplus, profit, and social welfare[J]. Contemporary Economic Policy, 1995, 13(1)：113-124.

[52] VISCUSI W K. Smoking： making the risky decision[M]. New York： Oxford University Press, 1992.

[53] VISCUSI W K. Cigarette taxation and the social consequences of smoking[M]//POTERBA J M.Tax policy and the economy.Cambridge,MA.： Massachusetts Institute of Technology Press, 1995：51-101.

[54] NARWHALS W D,TOBIN J. Is growth obsolete? [M]. Cambridge, MA.：NBER, 1972.

[55] WARNER K E. Cigarette smoking in the 1970s： the impact of the antismoking campaign on consumption [J].Science,1987, 211(4483)：729-731.

[56] WARNER K E. Tobacco taxation as health policy in the Third World[J]. American Journal of Public Health, 1990(80)：529-531.

[57] WARNER K E. Selling smoke： cigarette advertising and public health[C]. Washington,D. C.：America Public Health Association, 1986.

[58] 北京大学中国经济中心.中国吸烟成本估算[R]. 北京：北京大学中国经济中心,2006.

[59] 布坎南.自由、市场与国家：80年代的政治经济学[M]. 上海：三联书店,1989：195.

[60] 白远良.卷烟需求与地区差异研究[J]. 中国烟草：经济版,2005（7）.

［61］曾薇.论中国烟草专卖制度[D]. 长沙：湖南大学,2006.
［62］成红伦.中国卷烟消费税政策研究[D]. 杭州：浙江工业大学,2009.
［63］程永照,苏钟璧.烟草控制框架公约对中国烟草业发展影响初探[R].北京：国家烟草专卖局烟草经济研究所,2008.
［64］陈建功,黄雪琴.城市卷烟消费者群体分类与价值分析[J]. 中国烟草：经济版,2006（1）.
［65］陈通,张永开,王伟,等.政府规制视角下的烟草行业改革研究[J]. 现代管理科学,2009,9：6-8.
［66］陈新田.论中国烟草专卖制度[D]. 湘潭：湘潭大学,2003.
［67］陈勇.烟草产业规划——基于需求面的分析框架[J]. 财经问题研究,2006,(12)：21-28.
［68］程郁,张小林.中国烟草的社会成本与效益综合评估及政策建议[J]. 经济科学,2004（1）:111-121.
［69］戴维斯,诺思.制度变革与经济增长[M]. 剑桥市：剑桥大学出版社,1971.
［70］丁云.各国政府“寓禁于征”[J]. 中国财经,2008(5).
［71］戈登・图洛克.关税、垄断和盗窃的福利代价[J]. 西方经济学, 1967(5).
［72］关于烟草危害的调查与思考[EB/OL].[2003-8-1]. http：//www.tobaccochina.net/culture/smoking/harm/20038/20038191143_224683.shtml.
［73］国家烟草专卖局外事司.欧洲卷烟印花税考察报告[M]//出国考察报告选编（十二）.[出版地不详]：[出版者不详],2006：20-31.
［74］国家烟草专卖局外事司.土耳其、约旦、南非等烟草市场考察报告[M]//出国考察报告选编（十二）. [出版地不详]：[出版者不详],2006：1-9.
［75］H. 莱本斯坦.分配效率与“X”效率[J]. 美国经济评论,1966(6）.
［76］H. 德姆塞茨. 为什么要管制公用事业?[J]. 法与经济学杂志,1968(6).
［77］胡德伟,毛正中.中国烟草控制的经济研究[M]. 经济科学出版社,2008：235-346.
［78］黄鑫鼎.制度变迁理论的回顾与展望[J]. 科学决策, 2009,9：86-94.
［79］黄雪琴. 2007年1—12月份行业经济运行情况[J]. 中国烟草,2008,3：59.
［80］籍涛.论烟草产业的政府管制——基于市场结构与绩效的分析框架[J]. 社科纵横，2008,1：34-37.
［81］姜垣.控烟政策：成功与挫折[M]. 北京：中国协和医科大学出版社,2005.
［82］蒋云凤.中国烟叶价格管制问题研究[J]. 价格理论与实践,2009,5：29-31.
［83］蒋利和，等. 烟草诉讼法律问题研究[J]. 广西大学学报：哲学社会科学版,2003(6).
［84］科斯.财产、权利与制度变迁——产权学派与新制度学派译文集[M]. 上海：上海人民出版社,1994：55-59.
［85］克鲁格尔.寻租社会的政治经济学[J]. 美国经济评论,1974(1).

［86］罗杰·弗朗茨. X效率：理论、论据和应用[M]. 上海：上海译文出版社,1993：4-11.

［87］李保江,马超.世界烟草：2005年发展报告[J]. 烟草经济研究,2004,13.

［88］李玲.中国吸烟成本估算[EB/OL].[2006-11-17]. http：//capital.wswire.com/htmlmews/2006/11/17/710944.htm.

［89］李天飞.中国烟草控制政策的经济学分析[J]. 上海经济研究,2004,4：46-49.

［90］林毅夫.关于制度变迁的经济学理论：诱致性变迁与强制性变迁[M]. 上海：三联书店,1994：17-20.

［91］廉春慧.中国卷烟消费税政策的变化及改革建议[J]. 湖南财经高等专科学校学报, 2006(12).

［92］刘虹.控制烟草消费的税收政策研究[M]. 中山：中山大学出版社,2009：150-177;192-196;201.

［93］刘虹.论税收与控烟的有效性及其制度保障[J]. 财经论丛,2009(11).

［94］刘炼,杨翔.论废除烟草专卖制度[J]. 价格与市场, 2002（7）：34-35.

［95］刘轶男,熊必琳.烟草经济与烟草控制[M]. 北京：经济科学出版社,2004：231.

［96］吕筱萍,杨静.从世界烟草专卖制度演变模式看中国烟草专卖制度的改革[J]. 重庆工商大学学报：社会科学版,2006,5(23)：65-68.

［97］毛正中.对中国居民卷烟需求的新估计[J]. 中国卫生经济,2005(5).

［98］毛正中.卷烟需求及其影响因素：一个断面资料模型[J]. 中国卫生事业管理,1997(5).

［99］毛正中.不同收入人群的卷烟需求及提高税赋对他们影响[J]. 中国循证医学杂志,2005(5).

［100］毛正中,杨功焕.全国青少年的卷烟需求及影响因素[J]. 中国公共卫生,2002(8).

［101］毛程连,庄序莹.西方财政思想史[M]. 北京：经济科学出版社,2003.

［102］罗杰·弗朗茨.X效率：理论、论据和应用[M].上海：上海译文出版社,1993：4-11.

［103］胡其峰.每年百万人因烟死亡,“控烟”不应停留于口号[N]. 光明日报,2006-05-31(4).

［104］瞿介明,宋琳.吸烟危及生命概率50%[EB/OL].[2004-3-30]. http：//www.tobaccochina.net/culture/smoking/harm/20043/200433092941224443.shtml.

［105］石柱国.禁烟史话[J]. 养生月刊.2008（4）.

［106］萨伊.政治经济学概论[M]. 北京：商务印书馆,1982.

［107］孙红.对青少年吸烟行为干预对策的思考[J]. 泰山卫生,2001,25(3).

［108］邵东山,高昊,刘占财.中国烟草价格规制的探索[J]. 农村经济与科技,2005,12：21-22.

［109］邵东山.中国烟草价格的政府规制研究[D]. 成都：四川大学,2006.

［110］汤柱国.影响中国卷烟需求的因素研究[J]. 科技创新导报,2010（1）.

［111］陶明.专卖体制下的中国烟草业——理论、问题与制度变革[D]. 上海：复旦大学,2005.

［112］图洛克.寻租.新帕尔格雷夫经济学大辞典[M]. 北京：经济科学出版社,1992(4)：157.

［113］王俊豪.政府管制经济学导论[M]. 北京：商务印书馆,2002：31-32.

［114］王慧英.专卖制度下中国烟草产业的改革与发展[J]. 上海经济研究,2009（4）：22-28.

［115］王国成,黄韬.现代经济学博弈论[M]. 北京：经济科学出版社,1996.

［116］王军,张蕴萍.中国烟草专卖制度变迁的历史和现状研究[J]. 生产力研究,2006（8）：189-190.

［117］王永宏.烟草不可低估[J]. 消防月刊,1995(5).

［118］王娜.卷烟价格管理中存在的问题及对策[J]. 法制与经济,2006,3：35-36.

［119］魏雅华.世界烟草控制框架公约与中国烟草业[J]. 中国外资,2005(5).

［120］魏金玉.中国烟草行业政府管制的问题与对策[D]. 北京：中央民族大学,2010.

［121］武海燕.烟草危害的法律控制研究[J]. 南京：河海大学,2005.

［122］卫生部.2007年中国控制吸烟报告[R]. 北京：卫生部履行烟草控制框架公约领导小组办公室,2007.

［123］卫生部疾病预防控制局.2006年中国慢性病报告[R]. 北京：中国疾病预防控制中心,2006.

［124］肖丹,王辰,翁心植.烟草依赖是一种慢性疾病[J]. 中国健康教育.2008（9).

［125］万斌.新中国烟草专卖制度改革：成本与收益分析[J]. 南昌：江西财经大学,2010（6).

［126］肖挺.专卖制度下烟草行业的管理体制改革研究[D]. 南昌：南昌大学,2007.

［127］肖琳,杨杰.中国烟草及其导致的疾病负担和经济影响.中国健康教育,2008,9（9).

［128］中华人民共和国卫生部.第三次全国死因调查主要情况[R]. 北京：卫生部新闻办公室,2008.

［129］徐海峰.北京市森林火灾发生的原因、时间及对策分析[J]. 森林防火,2005(2).

［130］徐迅雷.谁能享受厅局级别的“至尊”香烟[EB/OL].[2006-9-1].http：//www.singtaonet.com/china/200609/t20060911_326970.html.

［131］许焘.当前中国烟草行业政府管制中存在的问题与对策研究[D]. 兰州：西北大学,2008.

［132］行伟波.烟草税的实证分析与制度设计研究[J]. 财贸经济,2009,3：78-81.

［133］亚当・斯密.国富论[M]. 杨敬年,译.西安：陕西人民出版社,2001.

［134］杨兰品.中国行政垄断问题研究[D]. 武汉：武汉大学,2005：177.

［135］杨骞.中国烟草产业行政垄断的社会成本估算[J]. 当代财经,2010（4）.

［136］杨骞,刘华军.中国烟草产业行政垄断及其绩效的实证研究[J]. 中国工业经济,2009,4.

［137］杨依山,刘宇.制度变迁理论评述[J]. 理论学刊,2009,6：32-36.

［138］杨光.六大城市高档烟礼品消费调查[J]. 中国烟草：经济版,2006(5).

［139］杨功焕.烟草对健康的危害及控烟策略[J]. 中国慢性病预防与控制,1999(7).

［140］杨功焕.烟草对健康的危害[J]. 中国慢性病预防与控制,1999,7（6).

［141］杨功焕. 中国人群死亡及其危险因素流行水平、趋势和分布[M]. 北京：中国协和医科

大学出版社,2005.

［142］张旭光,罗明录,顾韬.烟草诉讼中国烟草行业面临的新课题[EB/OL].(2000-11-15). http：//www.tobaccochina.com/news/analysis/wu/20012/200122012021_137763.shtml.

［143］周利勤,陈金红.维护烟农利益与实现烟叶生产持续发展[J]. 烟草经济研究,2006(4).

［144］周瑞增. 实行烟草专卖是最切实际的控烟措施[J]. 经济研究参考,2004,89.

［145］邹文斌. 建议废除烟草专卖制度[J]. 南方人物周刊,2009(23)：18.

［146］张士刚.高档烟市场调查报告[J]. 中国烟草：经济版,2006(5).

［147］张德荣.烟草专卖制度的两难选择：财政效率还是市场效率[J]. 当代财经, 2005（7）：49-54.

［148］张维迎.博弈论与信息经济学[M]. 上海：三联书店,1996.

［149］张蕴萍,蒋海岩.日本烟草管理体制变革及对中国烟草专卖制度改革的启示[J]. 理论学刊,2005,9：61-62.

［150］赵百东.国内外禁止或限制烟草广告现状分析[J]. 中国烟草学报,2005(6).

［151］章鸿.中国烟草专卖制度质疑[J]. 安庆师范学院学报：社会科学版,2005,6(23)：35-37.

［152］中国预防医学科学院.1996年全国吸烟行为流行病学调查 [M]. 北京：中国科学技术出版社,1997.

［153］中国烟草通志编撰委员会.中国烟草通志[M]. 北京：中华书局,2006.

后　记

本书由喻保华、景延秋合著而成，凝聚了两人的共同心血和智慧，很难区分哪一部分是谁的成果。如果非要划分写作“责任”，喻保华主要负责第四章及之前的所有文字撰写（约6万字以上）；景延秋主要负责第五章及之后的所有文字撰写（约11万字以上）。

此外，本书的整个写作过程得到华中科技大学王少平老师许多宝贵的指导意见。

本书参考和借鉴了一些学者和专家的科研成果，参考文献中若有未注清或遗漏之处，在此致歉，并设法予以更正。

喻保华，景延秋

2014年3月5日于河南郑州